D1725528

DR. WILFRIED SPONSEL

NÖRDLINGEN

DIE 50ER UND 60ER JAHRE

DEUTSCHLAND AUF DEM WEG ZUM WIRTSCHAFTSWUNDER

Geiger-Verlag  Horb am Neckar

Bildnachweis:

Heiner Finck, Nördlingen
Fotohaus Hirsch, Nördlingen
RAMC Nördlingen
Stadtarchiv Nördlingen

ISBN 3-89570-933-6

Geiger-Verlag, 72160 Horb am Neckar
1. Auflage 2004
GD 2026 03 04 BB
Layout: Helmut Engisch, R.D. Huber, Heinz Matthis
Gesamtherstellung: Geigerdruck GmbH, 72160 Horb am Neckar

Gedruckt auf 100 % chlorfrei gebleichtem Papier.

Vorwort

„Die 50er und 60er Jahre – Deutschland im Aufbruch" lautet der Titel dieses Buches. Wir verbinden heute viel mit diesen Jahren – Wiederaufbau, Wirtschaftswunder, Heimkehr der Kriegsgefangenen, Integration der Heimatvertriebenen, um nur ein paar Schlaglichter zu nennen.

Eigentlich ist ein halbes Jahrhundert aus historischer Perspektive kein nennenswerter Zeitraum. Denn was sind schon 40 oder 50 Jahre angesichts der Geschichte dieser Stadt als freie Reichsstadt, als bedeutende mittelalterliche Messestadt und Handelsmetropole?

Doch mit dem Blick auf die enorme Bedeutung, die insbesondere die 1950er Jahre für den Aufbau der Bundesrepublik Deutschland hatten, ist es durchaus gerechtfertigt, auf diese vergleichsweise kurze Zeitspanne zurückzublicken. Deshalb ist es zu begrüßen, dass in diesem Büchlein der Blick auf die Stadt Nördlingen mit einer allgemeinen Chronologie der 1950er und 1960er Jahre verbunden wird.

Im Übrigen zeigt sich heute angesichts der „digitalen Revolution" und der globalen Veränderungen in ganz besonderer Weise, wie sehr sich die Welt seither doch verändert hat. Vieles von dem, was in der Telekommunikation heute fast selbstverständlich ist, war damals noch undenkbar.

Ein Rückblick dieser Art kann nur ein paar Schlaglichter werfen und eine Auswahl treffen. Aber wie gesagt – es geht in erster Linie darum, ganz einfach Erinnerungen zu wecken. Vielleicht gelingt es dann, die Gegenwart neu zu bewerten und aus der Distanz heraus zu beurteilen.

Ein Dank gilt an dieser Stelle dem Geiger-Verlag für die Idee zu diesem Projekt, allen Leihgebern von Fotos sowie Frau Faul, Stadtarchiv Nördlingen, für die Erfassung der Texte, die Herr Günther Lemke dankenswerterweise kritisch durchgesehen hat.

Dr. Wilfried Sponsel

Nördlingen im Februar 2004

Inhalt

Die Baldinger Straße mit Spital und Gasthaus „Roter Ochse" um 1950.

Die Stadt zu Beginn der 1950er Jahre

Ein Blick in das Adressbuch des Jahres 1950 – oder: ein paar wissenswerte Daten und Fakten zu Nördlingen.

Nördlingen im Jahre 1950 – das hieß, in Zahlen ausgedrückt: 13.687 Einwohner, 3.556 Haushaltungen, 6.057 männliche und 7.630 weibliche Einwohner. Zum Vergleich: 1939 zählte die Stadt noch 8.402 Personen. Der enorme Bevölkerungszuwachs beruhte vor allem auf der großen Anzahl der Heimatvertriebenen.

Ehrenbürger:
Dr. h. c. Hermann Frickhinger, priv. Apotheker, Nördlingen, seit 1924
Oskar Mayer, Chicago, seit 1934
Professor Richard B. Adam, München, seit 1936

Oberbürgermeister:
Johann Weinberger, SPD
Bürgermeister: Johann Feil, CSU
Stadträte:
8 SPD, 6 CSU, 4 Parteilose Liste,
1 Der Deutsche Block

Nördlingen 1950 – das hieß aber auch, dass 39 Vereine in das Vereinsregister eingetragen waren, dass die Stadtverwaltung Nördlingen mit ihren Omnibussen mehrere Verkehrslinien zur Personen- und *„beschränkten"* Güterbeförderung unterhielt und damit in Konkurrenz stand zum Kraftwagen-Verkehr der Reichspost, die einen ebenfalls *„beschränkten"* Personenverkehr betrieb.

Zum Abschluss dieser *„Reminiszenzen"* soll noch einmal ein Blick in ein Adressbuch, diesmal aber in die Ausgabe des Jahres 1968, stehen. Dabei kann nämlich verdeutlicht werden, dass knapp 20 Jahre später sich auch in Nördlingen das Leben in vielen Bereichen deutlich verändert hat. Doch zuerst einmal soll die Stadt der 1950er und 1960er Jahre etwas näher betrachtet werden. Starten wir doch mit einem Flug über die Stadt!

Annäherung aus der Luft

Nähert man sich Nördlingen aus der Luft, dann erschließt sich dem Betrachter schnell der unverkennbare, nahezu kreisrunde mittelalterliche Grundriss der Stadt. Deutlich werden aber auch die beginnende Expansion der Stadt über den Mauerring hinaus, die Ansiedlung einiger Industriebetriebe, Neubausiedlungen, die Erschließung weiterer Neubaugebiete sowie das 1957/58 gebaute Freibad auf der Marienhöhe.

Noch näher an die Stadt gekommen, zeigt sich in zunehmender Deutlichkeit, dass sich bereits einige Unternehmen außerhalb der Stadt angesiedelt haben. An der Augsburger Straße beispielsweise ist der Neubau des Einrichtungshauses Beyschlag zu sehen, der zu Beginn der 1960er Jahre errichtet worden ist.

Die beiden Luftaufnahmen lassen noch nicht den ganzen Umfang der Stadterweiterung in den 1960er Jahren erkennen. Denn die Themen *„Wohnungsbau und Stadterweiterung"* gehörten wohl auch in Nördlingen zu den zentralen Problemen in den beiden ersten Jahrzehnten nach dem Ende des Zweiten Weltkrieges.

Bald nach Kriegsende setzte die private Bautätigkeit in starker Intensität ein. Bis Mitte der 1960er Jahre wurden über 2.000 Wohnungen erstellt, was fast 2/5 des ganzen Bestandes der Stadt entspricht. In den Außenbezirken der Stadt entstanden neue Wohnviertel und Straßenzüge. Zu nennen sind die Siedlung an der Talbreite, die Wohnblöcke an Voltz- und Squindostraße, das Viertel zwischen Augsburger und Oskar-Mayer-Straße, die Häuser in der Karl-Brater-Straße unterhalb der Marienhöhe, das Wohnviertel an der Wemdinger Straße.

Hatte die Baugenossenschaft Nördlingen schon seit den 1920er Jahren an der Augsburger und Nürnberger Straße große Wohnblöcke errichtet, so schuf sie nach dem Zweiten Weltkrieg neue Bauten an der Squindostraße, im Wemdinger Viertel sowie In der Pfanne. Zu den Bauträgern zählte auch die katholische Kirchengemeinde mit Wohnungen am Maler-Beyschlag-Weg, aber auch mit dem Jugendwohnheim St. Michael an der Kolpingstraße.

Das kath. St. Ulrichs-Werk und das ev. Siedlungswerk bauten in der Talbreite, am Bleichgraben sowie an Kant- und Kopernikus-Straße.

Nicht zu vergessen sind die von Nördlinger Industrieunternehmen errichteten Häuser.

Trotz dieser umfangreichen Bautätigkeit war die Wohnungsnot nicht beseitigt. Die Stadt ergriff in dieser Situation eine *„Großinitiative gegen die Wohnungsnot"* und erschloss neues Baugelände, zunächst zwischen der Augsburger und der Oskar-Mayer-Straße und bald darauf auch zwischen Herkheimer Weg und Ulmer Straße sowie an Kerschensteinerstraße und Hochweg. Eine *„urbane"* Note sollte das Wemdinger Viertel erhalten.

Stadtentwicklung zwischen Reimlinger und Augsburger Straße. Hier entstand zwischen 1959 und 1964 mit dem Bau der Squindoschule und des Theodor-Heuss-Gymnasiums ein neues Schulzentrum. Kleines Bild oben: Der Bau des neuen Stiftungskrankenhauses am Stoffelsberg konnte 1956 seiner Bestimmung übergeben werden.

◁ *Wohnungsbau im Wemdinger Viertel.*

Das „Kürschnerhaus" um 1920.
Es zählte zu den ältesten Messehäusern im
deutschsprachigen Raum.

Brandstätte des Kürschnerhauses Anfang Mai 1955.
In der Nacht zum 3. Mai brannte das 1425–1427 erbaute
mittelalterliche Kaufhaus bis auf die Grundmauern ab. ▽

Auf dem Rübenmarkt prägt der „Krieger-
brunnen" aus dem Jahre 1902 das Stadtbild.

Nur wenige Nördlinger dürften die
St.-Georgs-Kirche in diesem Zustand,
d.h. ohne Baugerüst, kennen.

Die 1912/13 vor dem Reimlinger Tor von der evangelischen Gemeinde errichtete Haushaltungs- und Handarbeitsschule mit Mädchenpensionat.

Neue Bildungsstätten in einer traditionellen Schulstadt

Nördlingen, seit alters eine Schulstadt, beherbergte auch in der Zeit nach dem Zweiten Weltkrieg eine Vielzahl an Schulen. Neben den Volksschulen ist hier nicht nur die Oberrealschule mit humanistischem Gymnasium zu nennen, sondern auch die Mädchenmittelschule St. Maria Stern, weiterhin die Berufsschule, die städtische dreiklassige Handelsschule, die evangelische Haushaltungsschule und Frauenfachschule, eine Landwirtschaftsschule mit neuem hauswirtschaftlichem Trakt, eine landwirtschaftliche Berufs-

aufbauschule sowie ein Kindergärtnerinnenseminar in Kloster St. Maria Stern. Nicht zu vergessen ist ferner das Volksbildungswerk.

Der infolge des schnellen Anstiegs der Bevölkerung der Stadt auftretende Mangel an Schulräumen war bald ein Gegenstand stets drängender Klagen, so dass bald Abhilfe geschaffen werden musste. Ende der 1950er Jahre begann man mit dem ersten von drei großen Schulhausbau-Projekten. 1959 konnte mit dem Bau eines neuen Volksschulgebäudes an der Squindo-

straße begonnen werden – am Schuljahrsanfang 1960/61 wurde es bezogen. Nur wenig später, 1962 bis 1964, waren gleichzeitig die Gebäude für eine neue Oberrealschule mit Gymnasium und eine Berufsschule errichtet worden. Am 12. Februar 1964 war Unterrichtsbeginn in der neuen Schule, die den Namen Theodor-Heuss-Gymnasium erhielt. Bereits am 11. Oktober 1963 ist die Kerschensteiner-Berufsschule im Wemdinger Viertel eingeweiht worden.

Ein Blick in die Waschküche der „Haushaltungsschule". Kurz und bündig hält der Kartentext fest:
Waschküche – Handbetrieb (oben)
Waschküche – Maschinenraum (unten).

Die neue Volksschule an der Squindostraße in einer Aufnahme aus dem Jahre 1963.

Mammutbackenzahn in der Kornlache gefunden

Das Ries war in der Würmeiszeit eine Tundren- und Steppenlandschaft

Vor kurzem fanden einige Schüler beim Spiel in der Nördlinger Kornlache nahe der Nordwestecke des Gartens nördlich der Bergmühle in einer Kiesbank im seichten Flußbett einen zum größten Teil erhaltenen Backenzahn eines Mammuts und lieferten ihren Fund in der Stadtbibliothek ab. Der Aufmerksamkeit dieser Schüler ist es zu verdanken, daß dieses Fundstück, das den Fundbestand an Mammutüberresten aus dem Ries bereichert, dem Vor- und Frühgeschichtlichen Museum der Stadt Nördlingen übergeben werden konnte. Der Backenzahn hat die Ausmaße von 22 zu 16 zu sieben Zentimeter — ein Stück der Länge fehlt — und zeigt, durch die lange Lagerung im Wasser brüchig geworden, den Aufbau eines solchen Zahnes sehr deutlich. Er besteht aus zahlreichen engliegenden Schmelzbüchsen — charakteristisch für das Mammut —, welche die bekannte Riefelung der Zahnoberfläche ergeben. Seine Ausmaße lassen darauf schließen, daß er einstmals einem Tier mittlerer Größe gehörte. Ueber dessen Schicksal lassen sich keine Aussagen machen, weil die Untersuchung der Fundstelle keine weiteren ... brachte.

... Fund sei daran er... Rieses schon wie... ten ... Grabungen, ... n freigegeben ... untersuchte...

weil sie dort mit menschlichen Kulturüberresten vergesellschaftet sind. Am häufigsten erscheinen sie in den beiden Höhlen in einer Kulturschicht, die dem mittleren Aurignacien entspricht (das Aurignacien leitet den jüngeren Abschnitt der älteren Steinzeit ein). Fundumstände an anderen Orten lassen erkennen, daß das Mammut erstmals im Mousterien auftritt und über das Aurignacien und Solutren hinweg bis in das Magdalenien hinein nachweisbar ist. In Nordostasien findet es sich auch noch in späteren Kulturstufen. Seine Lebenszeit fällt also eindeutig in die letzte Eiszeit (Würmeiszeit). Skulpturen und Zeichnungen eiszeitlicher Jäger und Tausende von Funden in ganz Europa, Nordasien und im westlichen Nordamerika bis Mexiko hinein — darunter wohl erhaltene Kadaver aus dem sibirischen Eis an der Beresowka und aus einer Erdgrube bei Starunia in Ostgalizien — gestatten es uns, das mächtige Tier noch leibhaftig vor uns zu sehen. Seiner Größe nach übertrifft es die heutigen Elefanten wohl um einen Meter. Seine wesentlichsten Menkmale sind ein dichtes Haarkleid, ein hoher Widerrist, ein kegelförmig nach oben zulaufender Kopf und nach oben gebogene Stoßzähne. Die Mageninhalte der erhaltenen Kadaver gestatten einen Einblick in die Mammutäsung. Es fanden sich darin die jungen Triebe verschiedener Nadelhölzer, Weiden und Birken und vor allem Wacholder. Dazu erscheinen ... von Gräsern, Thymian und ... arktischen scharfen Hah... Das typische Vertreter ...

1964 –
Die neue Berufschule an der Kerschensteinerstraße und rechts die 1960/61 erbaute St. Josef, dem Arbeiter, geweihte Kirche. ▽

Freizeit und Sport

Der Sport ist in der jüngsten Geschichte der Stadt tief verwurzelt. Prägten einst die Handballer, aber auch die Faustballer das sportliche Leben der Stadt, so waren es seit Ende der 60er Jahren hauptsächlich die Basketballspieler, die später in Regional- und Bundesliga für Furore sorgten.

Einen hohen Stellenwert nahm auch der Motorsport ein. Auf den 18. Juli 1951 lud man zur Gründungsversammlung des Rieser Motorsportclubs ADAC in das Bahnhofshotel ein. In den folgenden Jahren beteiligten sich die Mitglieder dieser Vereinigung an vielen Rennen und Zielfahrten und bildeten einen festen Bestandteil auch des gesellschaftlichen Lebens. Zehn Jahre später, 1961, konnte der TSV Nördlingen auf sein hundertjähriges Bestehen zurückblicken.

Für die Bevölkerung war der Bau des neuen städtischen Freibades im Jahre 1958 auf der Marienhöhe von großer Bedeutung. Das alte Bad an der Eger oberhalb der Bergmühle genügte den Ansprüchen nicht mehr und war darüber hinaus auch zu klein geworden. Schulsportanlagen entstanden bald darauf an der Squindoschule sowie am Theodor-Heuss-Gymnasium. Auch hinter der Bergmühle schuf man einen neuen Fußballplatz mit Stadiongebäude, Flutlicht und weiteren für einen Trainings- und Spielbetrieb wichtigen Anlagen. Dadurch konnte die bisherige Palette sportlicher Aktivitäten im Bereich der „Alten Turnhalle" an der Augsburger Straße beträchtlich erweitert werden. So war es kein Zufall, dass Nördlingen 1954 mit der Ausrichtung eines Leichtathletikländerkampfes beauftragt wurde, wie die folgenden Bilder belegen.

Badevergnügen in dem 1958 eingeweihten Freibad auf der Marienhöhe.

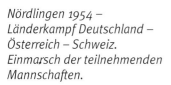

*Nördlingen 1954 –
Länderkampf Deutschland –
Österreich – Schweiz.
Einmarsch der teilnehmenden
Mannschaften.*

*Marathon-Lauf auf dem
Nördlinger Sportplatz an der
„Alten Turnhalle".*

Die 1967 vollendete Mehrzweckhalle an der Gerhart-Hauptmann-Straße.

Das Hallenbad in der Mehrzweckhalle.

Franz Beckenbauer und Gerd Müller in Nördlingen anlässlich eines Gastspieles ihres Vereins FC Bayern München in Pflaumloch, Juli 1970.

Gerd Müller, der „Bomber der Nation" aus Nördlingen, mit dem Türmer Johann Friedrich Wiedemann.

ADAC-Gau-Jugend-
treffen im Herbst 1962
mit Geschicklichkeits-
turnier auf der Kaiser-
wiese und Korso
durch die Innenstadt –
und mit hübschen
Ehrendamen.

Besuch von Verkehrsminister Frommknecht anlässlich des Scharlachrennens im Jahre 1950, hier im Gespräch mit Oberbürgermeister Johannes Weinberger.

Hoher Besuch

Anlässe, die Stadt Nördlingen zu besuchen, gab es in Vergangenheit und Gegenwart genügend. Zu denken ist hierbei nicht nur an die Besuche während des Scharlachrennens oder der Messe. Auch sonst fanden immer wieder hochrangige Persönlichkeiten aus Politik und Wirtschaft den Weg nach Nördlingen. Bundespräsident Theodor Heuss, der im Hochsommer des Jahres 1953 das Ries und Nördlingen besuchte, wandelte dabei auch auf den Spuren seiner Vorfahren. Zu seinen Ahnen zählte nämlich Caspar Kantz (1482/84–1544), der in Nördlingen als Reformator gewirkt hat. Stadtarchivar Gustav Wulz hatte für ihn einige wertvolle

Dokumente aus Stadtbibliothek und Stadtarchiv bereitgestellt.

„Der interessanteste Besucher unserer Stadt seit langem ist zweifellos Mr. Nilendra Nath Bhanja aus Bengalen, der auf seiner Weltreise per Fahrrad am Sonntag mittag, aus Donauwörth kommend, in Nördlingen eintraf", berichteten die Rieser Nachrichten am 14.12.1953. Mehr als 16.000 Kilometer hatte der indische Globetrotter, ein Gymnasiallehrer, bereits zurückgelegt, als er in Nördlingen ankam. Im April des Jahres 1954 veröffentlichte der Gast einen interessanten Zeitungsbericht über seine Erlebnisse während seines Aufenthaltes in Nördlingen.

Im September des Jahres 1966 kam Bundesverkehrsminister Dr. Hans-Christoph Seebohm im Rahmen einer Straßenbesichtigungsreise auch nach Nördlingen und hielt im „Dehler-Bräu" eine Arbeitsbesprechung ab. 1966 weilte auch Postminister Richard Stücklen mit einer Delegation in Nördlingen, um das neue Telefonnetz feierlich seiner Bestimmung zu übergeben. Und auch Ministerpräsident Dr. Alfons Goppel stattete Nördlingen im Oktober des gleichen Jahres einen Besuch ab, besichtigte die Firma Strehle KG, die St.-Georgs-Kirche und auch das Bürgerheim.

Besuch des Bundespräsidenten Theodor Heuss 1953 in
Nördlingen. Empfang durch Oberbürgermeister Weinberger
vor dem Rathaus.

Während des Besuchs besichtigt Prof. Dr. Heuss die
Ausstellung mit Dokumenten und Erinnerungsstücken von
Reformator Caspar Kantz.
Von links: Senator D. Thomas Breit, Bundespräsident Heuss
und Stadtarchivar Dr. Gustav Wulz.

Oberbürgermeister Weinberger begrüsst Prinz Mikasa, den Bruder des japanischen Kaisers, im September 1960.

Eröffnung des Telefonnetzes durch Postminister Stücklen 1966.

Festwagen beim Scharlachrennen 1950.

Große Abbildung:
Scharlachrennen 1951 vor vollbesetzten Tribünen.

Kleines Bild unten:
Scharlachrennen 1950 –
Festumzugswagen der Sudetendeutschen
Landsmannschaft.

Die Traditionen

Messe, Scharlachrennen, Stabenfest – jeder Nördlinger kennt diese drei großen, jährlich wiederkehrenden Veranstaltungen.

Weit in die Geschichte der Stadt reichen die Wurzeln der Pfingstmessse. 1219 erstmals erwähnt, zählte sie im Mittelalter neben Frankfurt zur bedeutendsten Messe Süddeutschlands. Bis in die 1960er Jahre wurde sie – zwischenzeitlich zu einem Jahrmarkt mit einem Warenangebot geworden – in der Altstadt abgehalten. 1963 verlegte man sie auf die Kaiserwiese vor die Tore der Stadt.

Dort draußen endet auch der Umzug der Schuljugend, die sich jedes Jahr im Mai zu ihrem Frühlingsfest, dem sog. Stabenfest, versammelt, um im farbenprächtigen Zug durch die Straßen der Stadt zu ziehen. Das freilich viel ältere Fest wird nach chronikalischer Überlieferung 1651 erstmals als „Staben"-Fest bezeichnet.

Und schließlich findet hier auch das Scharlachrennen statt, dessen Namen sich im Übrigen vom ersten Preis des Pferderennens, einem scharlachroten Tuch, ableitet. Von 1438 bis 1525 wurde es hier mit großem Rahmenprogramm abgehalten, dann fand es wegen der Unruhen des Bauernkrieges nicht mehr statt. 1948 aber lebte die Tradition wieder auf – und entwickelte sich schnell zu einer der größten Veranstaltungen des Reitsports in Bayern. Allein am 1. September 1951 konnten 12.000 Zuschauer gezählt werden.

Siegerehrung durch SD Erbprinz Carl-Friedrich zu Oettingen-Wallerstein.

Die Messe inmitten der Altstadt Anfang der 50er Jahre.

Raketenfahrt zum Mond

Hallgasse mit Messeständen.

Reges Treiben während der Messe auf dem Obstmarkt im Jahre 1961.

Der Daniel ist zum Empfang der neuen Glocken ger...

Neuer Glockenstuhl in halsbrecherischer Arbeit eingebaut – Hundert Ster Eichenholz aus dem Turm entfernt

(ws) Der natürliche und durch die „Romantische Straße" sehr berühmt gewordene Mittelpunkt des mittelalterlichen Stadtkerns von Nördlingen ist der neunzig Meter hohe Turm der Sankt-Georgs-Kirche, kurz „Daniel" genannt. Seiner Bedeutung entsprechend besaß er einstmals ein prächtiges Geläute, von dem am Ende des Zweiten Weltkrieges nur noch eine Glocke übriggeblieben war. Später gesellte sich als willkommener Gast aus Stargard in Pommern eine mächtige, 3750 Kilo wiegende g-Glocke hinzu, die im Verein mit ihrer „nur" 1570 Kilo wiegenden e-Schwester aus dem Jahre 1596 ein immerhin respektables Geläute abgibt. Dem mit einer wohl einmaligen Haube versehenen Turm trauen die Fremden und auch die Gläubigen, wenn sie am Sonntag zum Gottesdienst gerufen werden, eine größere, ihm entsprechende Klangfülle zu, weshalb die Stadt Nördlingen in Zusammenarbeit mit der Evangelischen Kirchengemeinde beschloß, das Geläute durch eine h-Glocke mit einem Gewicht von 2670 Kilo und eine 2030 Kilo wiegende d-Glocke zu ergänzen. Um dieses erfreuliche Vorhaben ausführen zu können, war der Bau eines neuen Glockenstuhles erforderlich, denn der alte, aus schwerem Eichenholz gefertigte und mehrere Jahrhunderte alte Stuhl hätte vier Glocken von solchem Gewicht nicht mehr „gepackt". Außerdem war er so gebaut, daß er den Hauptteil der durch das Glockenschwingen entstehenden Schubkraft auf den Turm übertragen hätte – und das wäre dem Daniel auf die Dauer nicht gut bekommen. Dagegen wies eine Nördlinger Baufirma in Verbindung mit einem Augsburger Spezialisten durch eine statische Berechnung nach, daß der Turm der durch das neue Geläute entstehenden Beanspruchung gewachsen ist.

der handbehauenen, bis zu fünfhundert Kilo schweren Vierkanthölzer beschäftigt war. Man konnte mit Sicherheit damit rechnen, daß die gelösten Zapfen und Holznägelsicherungen schlagen würden und mußte darauf gefaßt sein, daß noch einige weitere Teile folgten. Ein ge... ... gelösten Streben plötzlich quer durch den Turm ... aus ihren Zapfen und ...

8,1 Meter messenden Glockenstu... Einzelabsenkung aller vier Bo... Hanglage und die Versteifung. W... tigen Kräfte der neun Tonnen schw... stuhl auszuhalten hat, läßt sich ... nen, wenn man weiß, daß das ... künftigen vier Glocken von 10 02... schwingenden Last von rund dr... Kilogramm entspricht. Jeder ein... stützträger muß beim Läuten ein... lastung von 5700 Kilo aushalten.

Am Freitag und am Montag be... Monteur einer Herforder Firm... schen Läutemaschinen für die G... Daniel, die bekanntlich zu den a... hängenden in Deutschland gehören... Rincker in Sinn im Dillkreis, der ... Herstellung des Geläutes der neu... Gedächtniskirche betraut wurde, du... dies in Erfahrung zu bringen war, d... beiden Nördlinger Glocken bereits a... sen hat. Die Einwohner der Ries... müssen allerdings am heutigen Heili... und an den folgenden Fest'ages... dem halben Geläute der Sankt-Geor... den beiden Glocken auf dem Dach... Sankt Salvator und der Einzelglocke ... kirche vorliebnehmen.

Ferienaktion bei Erhard ab 15. Ja...

Zusätzlich zu den alljährlich im ... Johannes Erhard H. Waldenmaier Er... denheim-Nördlingen, gewährten We... gratifikationen wurde als besonder... schung von der Geschäftsleitung beka... ben, daß die Ferienaktion für das Je... bereits am 15. Januar 1961 anläuft. ... laubsort wurde als der malerische May... Zillertal (Tirol) ausgesucht. Damit habe... die Wintersportfreunde der Firma Erh... legenheit, von dieser schönen Ferienak... brauch zu machen. Wer dagegen se... lieber im Sommer oder Herbst verbrin... hat auch hierzu Gelegenheit, denn die ... aktion dauert bis Anfang Oktober. Teil... berechtigt sind alle Betriebsangehörige... am 15. Januar 1961 ein Jahr in der Firm... sind. Bei einer Betriebszugehörigkeit ... fünf Jahren wird eine Woche und bei ... Jahren Zugehörigkeit zwei Wochen ko... ser Urlaub gewährt. Betriebsangehörige... über zwanzig Jahre im Betrieb sind, ...

Bild: Fotohaus Oehm, Nördlingen

IM NEUEN GLOCKENSTUHL auf dem Daniel hängt be... reits die aus dem Jahre 1596 stammende, als einzige vom...

Das Zentrum der Stadt – Marktplatz mit St.-Georgs-Kirche, rechts das „Tanzhaus" und das „Hohe Haus".

27

Stabenfest 1950.

Umzug der Buben und Mädchen durch die Nördlinger Altstadt und Reigen der Mädchen auf der Kaiserwiese.

Festzug der Schuljugend beim Stabenfest 1952.

Aus dem gesellschaftlichen Leben

Für die zahlreichen Vereine der Stadt galt es nach der Gleichschaltung im „Dritten Reich", sich nach 1945 neu zu organisieren und die eigene Identität wieder zu finden. Sie waren verantwortlich für das „Wiederauferstehen des kulturellen Lebens in alten und neuen Vereinen", wie es in einer Stadtgeschichte hieß. Schützengilde, Turn- und Sportverein, Liederkranz, Schwäbischer Albverein, Verein Alt-Nördlingen, Feuerwehr und Rotes Kreuz, um nur einige Beispiele zu nennen, sorgten dafür, dass das gesellschaftliche Leben wieder in Schwung kam. Nicht zu vergessen ist, dass damals auch in den Firmen eine gewisse „Eventkultur" geherrscht hat, wie nicht zuletzt die in den Firmen selbst oder in Gasthäusern abgehaltenen Faschingsfeiern zeigen. Überhaupt herrschte in der Nachkriegszeit auch in Nördlingen ein reges Faschingstreiben mit Prunksitzung, Prinzengarde, Umzug usw. – heute fast unvorstellbar.

Von besonderer Bedeutung war die Gründung eines Musik- und Theaterrings auf Initiative des Tuchfabrikanten Johannes Wilhelm Busse. Das Angebot des Theaterrings deckte zusammen mit dem 1948 gegründeten Rieser Volksbildungswerk die Sparte „Konzert, Oper, Theater" in Nördlingen ab.

◁ Anzeigen-Werbung „Anno 1634" zum gleichnamigen Schauspiel.

Freilichtbühne „Alte Bastei" 1953.
Aufführung des Schauspiels „Die Rabensteinerin",
in der Hauptrolle Fräulein Strehle aus Wallerstein.

Festspiel „Anno 1634" in einer Neuaufführung im Jahre 1950 durch den Verein „Alt Nördlingen".
Elfriede Frickhinger wurde dargestellt von Erna Lux, Erhard von Daubitz von Jobst Dittmar und
Bürgermeister Frickhinger von Hans Flierl.

Wir vermitteln Reisen zu billigsten Preisen. Anmeldung hier!

Faschingsball der Hofer-Spinnerei im Januar 1954.

Fasching im Januar 1955 – Prunksitzung im Deutschen Haus.

Eine „Hochburg" im Fasching war das Deutsche Haus. Hier Eindrücke vom TSV-Faschingsball im Februar 1956.

Beim TSV-Faschingsball im Deutschen Haus im Februar 1956.

34

Brigitte und Karin standen in Nördlingen an der Spitze

Bei den Buben war Peter der beliebteste Vorname – Modeströmungen wirken sich aus – Adolf kommt nur als Beiname vor

* Wie sehr auch die Vornamen gewissen Modeströmungen unterworfen sind, vor allem bei den Mädchennamen ist dies der Fall, zeigt ein Blick in eine Aufstellung, die das Standesamt Nördlingen für das Kalenderjahr 1959 zusammenfaßte. Insgesamt kamen 1959 in Nördlingen 614 Kinder zur Welt. Einen Vornamen erhielten 92 Knaben und 68 Mädchen, das sind 160 Kinder. Zwei Vornamen bekamen 219 Knaben und 189 Mädchen, das sind 408 Kinder. Drei Vornamen wurden bei 28 Knaben und 18 Mädchen, das sind 46 Kinder, beurkundet. Insgesamt 26 Knaben und drei Mädchen wurden mit Doppelnamen auf den Lebensweg geschickt.

Besonders bei den Mädchen fällt auf, daß viele alte Namen wie zum Beispiel Anna, Cäcilia, Emma, Lydia, Martha, Rosa usw. kaum oder höchstens noch als Beinamen vorkommen. Im Jahre 1959 standen in unserer Stadt bei den Evas-Töchtern Brigitte und ... der Spitze. Je elf in Nördlingen ... Namen als

und zehn mit Peter als Beiname registriert. An zweiter Stelle steht Helmut (14mal Rufname, fünfmal Beiname), an dritter Stelle Friedrich (13mal Rufname, 13mal Beiname), an vierter Stelle Gerhard (zwölfmal Rufname, sechsmal Beiname), Günter (zwölfmal Rufname, dreimal Beiname), Werner (zwölfmal Rufname, fünfmal Beiname), an fünfter Stelle kommen Josef (elfmal Rufname, 13mal Beiname) und Wolfgang (elfmal Rufname, dreimal Beiname), an sechster Stelle folgen Hans (neunmal Rufname, siebenmal Beiname), Karl (neunmal Rufname, 19mal Beiname), und Karl-Heinz (neunmal Rufname, einmal Beiname), an siebter Stelle Manfred (achtmal Rufname, einmal Beiname), Klaus (siebenmal Rufname, einmal Beiname) an neunter Stelle mit sechsmal Rufname Dieter (dazu dreimal Beiname), Herbert, Hermann (dazu einmal Beiname), Roland (dazu einmal Beiname), an zehnter Stelle mit fünfmal Rufname Andreas (dreimal Bei-

name), Johann (neunmal Beiname), Michael (fünfmal Beiname), Johannes (fünfmal Beiname). Die übrigen Bubennamen sind als Rufnamen weniger als fünfmal vertreten, Adolf zum Beispiel erscheint nur zweimal als Beiname. Als Rufname fallen auf Alban, Alexandro, Alfio, Franco, Gian (einmal als Beiname), Henry, Holger, Luigi, Mario Romeo (bei den Mädchen fehlt als Gegenstück die Julia) usw.

Ein Blick in die Namensliste für das Jahr 1958 zeigt, daß damals bei 531 Geburten, 77 Knaben und 64 Mädchen je einen Vornamen, 179 Knaben und 172 Mädchen je zwei Vornamen, 22 Knaben und 17 Mädchen je drei Vornamen erhalten haben. Bei 22 Knaben und zwei Mädchen wurden Doppelnamen eingetragen. Im Jahre 1958 standen die Mädchennamen Ursula und Karin mit je neunmal an der Spitze. Bei den Bubennamen war Karl-Heinz (13mal) der beliebteste.

Dieser Landgemeinden wird berichtet

Abschlussball des Tanzkränzchens Bühler im November 1957.

Ergee

Dieser Strumpf sitzt
ohne Strumpfhalter
und garantiert faltenfrei

Die Konsumbegeisterung hatte auch in
Nördlingen Einzug gehalten, wie die Strumpf-
schau im Hause Steingass am 5. April 1965
deutlich zeigte.

Modeschau für Erwachsene und für Kinder des Hauses Steingass im Deutschen Haus im März 1957.

Aus der Welt der Mode in den 1950er Jahren.
Modeschauen im Deutschen Haus –
Neues aus dem Hause Steingass.

Schaufrisieren im Deutschen Haus im Oktober 1959.

Ein beliebter Treffpunkt war das Café Eickmann am Marktplatz.

Der „Freißle"-Omnibus im Jahre 1956 mit der Aufschrift „So G'sell so" vor den Nördlinger Wahrzeichen, dem Reimlinger Tor und dem „Daniel".

Omnibusfahrten mit
„So Gsell so"

27. Juli
Freilichtbühne
Augsburg
„Im weißen Rößl"

12. bis 13. August
2 Tage Österreich
zu den Festspielen
Bregenz

RVB

Heinrich Freißle, Nördlingen
Drehergasse 12 – Tel. 74

Fahnenweihe der Heimkehrer am 19. Oktober 1958 am Mahnmal in der Frickhinger Anlage.

Die Stadt im Jahr 1968

Wie eingangs erwähnt, soll ein Blick in das Adressbuch des Jahres 1968 den Abschluss dieses Rückblickes bilden. Was hat sich gegenüber 1950 verändert?

Zwischenzeitlich wurde Dr. Heinrich Beck, München, Inhaber der C. H. Beck'schen Verlagsbuchhandlung München und der C. H. Beck'schen Buchdruckerei Nördlingen zum Ehrenbürger der Stadt Nördlingen ernannt.

Deutliche Veränderungen gab es auch in der Zusammensetzung des Stadtrates und der Verwaltungsspitze:

Oberbürgermeister:
  Dr. Hermann Keßler, CSU
Vertreter: Hans Mohr, Stadtoberamtmann a. D., SPD
  Oskar Schneider, Brauereidirektor, ÜWG (Überparteiliche Wählergemeinschaft)

Stadträte: 7 SPD, 7 CSU, 3 ÜWG, 1 GDP (Gesamtdeutsche Partei und Wählergruppe der Heimatvertriebenen)
Keinen Vertreter hatten die Deutsche Friedens-Union (DFU) und die FDP.

Nördlingen im Jahre 1968 – das hieß auch, dass der Busbetrieb der Stadtwerke Nördlingen nicht mehr bestand. Omnibuslinien unterhielten neben der Deutschen Bundesbahn und der Deutschen Bundespost auch die Unternehmen Heinrich Freissle, Michael Osterrieder und Johann Schwarzer. Mit Staunen liest man, dass damals das Unternehmen Wahl & Söhne eine Linie von Heidenheim/Brenz über Nördlingen nach Oettingen eingerichtet hatte.

Einführung von Dr. Herman Keßler in das Amt des Oberbürgermeisters am 4. Mai 1964.

Gestiegen ist nicht nur die Einwohnerzahl auf 14.148, sondern auch die Zahl der Vereine. Zu den 38 in Nördlingen ansässigen Vereinen wird eine ganze Reihe weiterer Vereine („*Aquarienverein*" bis „*Werkvolk St. Salvator Nördlingen*") genannt. Gegenüber dem Adressbuch des Jahres 1950 werden 1968 auch die Gewerkschaften erwähnt.

Statistiken sind in der Regel eine trockene Angelegenheit. Dennoch vermitteln sie wichtige und interessante Entwicklungslinien, die dazu anregen, nach weiteren Perspektiven zu fragen. Gab es beispielsweise 1955 in der Stadt 521 Pkw, so waren es 1967 bereits 2.171.

Auf der anderen Seite ging der Bestand bei fast allen in diesem Adressbuch genannten Tierarten deutlich zurück. Ein Beispiel: Gab es 1955 insgesamt 70 Pferde in der Stadt, so waren es 1966 nur noch 14 und ein Jahr später noch 6. Und von den 1955 in der Stadt gehaltenen 267 Bienenvölkern gab es 1967 nur noch 154.

Heute, in der Mitte des Jahres 2004, wissen wir alle, dass sich das Leben seit den 1950er Jahren in bisher nicht gekanntem Ausmaß verändert hat. Dinge, an die damals noch kaum jemand gedacht hat, gehören heute fast wie selbstverständlich zum Alltag. Die Frage drängt sich auf: Wie wird es weitergehen und wohin führt das derzeitige atemberaubende Tempo?

Trotz „Wirtschaftswunder" ist öffentliche Hilfe notwendig

Der Pulsschlag des Lebens im Spiegel der Zahlen – Großer Geburtenüberschuß im Landkreis Nördlingen – Einkommen stark gestiegen

Von unserer Münchner Redaktion

(mhb) Das vielbesprochene westdeutsche „Wirtschaftswunder", im Ausland stellenweise recht kritisch aufgenommen, setzt sich wie ein riesiges Mosaik aus tausenden von einzelnen kleinen Steinchen zusammen. Das in den meisten Wirtschaftszweigen auf eine beachtliche Höhe gestiegene Lohnniveau hat den Lebensstandard gehoben, die Motorisierung erlebt einen gewaltigen Aufschwung, die Landwirtschaft konnte sich in einem unerwarteten Maße modernisieren und technisieren sowie je Vieh- bzw. Boden-Einheit die Produktion, etwa den Milchanfall oder die Hektar-Erträge, steigern, durch Zuwanderung und Geburtenüberschuß stieg die westdeutsche Bevölkerung weit über die Fünfzig-Millionen-Grenze hinaus, die Industrie meldet immer neue Produktionsrekorde, die Bautätigkeit wächst bis zur Ueberhitzung usw.

Heute soll an dieser Stelle das Wirtschaftswunder einmal nicht an einem speziellen Wirtschaftszweig oder Lebensbereich wie etwa der Motorisierung auf Bundesebene, sondern am Beispiel des Stadt- und Landkreises Nördlingen aufgezeigt werden. Wichtiges Hilfsmittel dabei sind die seit 1954 vom Bayerischen Statistischen Landesamt regelmäßig herausgegebenen Vierteljahresberichte, die in minutiöser Kleinarbeit den Pulsschlag des Lebens in einer bunten Zahlenreihe widerspiegeln. Da sind zunächst einmal die Angaben über die Bevölkerungsbewegung. Hier trifft nicht in jedem Fall der Begriff Wirtschaftswunder zu, denn viele bayerische Landkreise standen in den vergangenen Jahren im Zeichen der Landflucht und der Abwanderung arbeitsfähiger Heimatvertriebener, die die Wirren der Nachkriegszeit und Vertreibung zumeist aufs flache Land gebracht hatten. Nach dem Vierteljahresbericht des Statistischen

dritten Quartal 1955 wurden 152 Geburten und 104 Sterbefälle und im dritten Quartal des vergangenen Jahres 168 Geburten und 94 Sterbefälle verzeichnet.

Während die kreisfreien Städte hinsichtlich des Geburtenüberschusses in der Regel gegenüber dem flachen Lande im Nachteil sind, ist es bei der Wanderungsbilanz gerade umgekehrt und wird auch in den kommenden Zeiten bleiben. Die Nördlinger Stadtverwaltung registrierte im dritten Quartal 1955 468 zu- und 316 abgewanderte Personen. Der Wanderungsgewinn lag also bei 152 Personen. In der gleichen Zeitspanne des Jahres 1957 wurden 564 Zuzüge und 378 Abwanderungen gezählt, was einen Wanderungsgewinn von 186 Personen ergibt. 1960 war im dritten Quartal ein Wanderungsgewinn von nur 15 Personen zu verzeichnen, denn es meldeten sich 399 Personen an und 384 ab. Für den Landkreis Nördlingen ergaben sich dagegen 1955 während

verdienten nun diese industriellen Arbeitnehmer? Ein Blick in ihre Lohn- und Gehaltstüten beweist, daß sie beträchtlich schwerer geworden sind. An die vorgenannten Arbeiter und Angestellten der Nördlinger Betriebe mit zehn und mehr Beschäftigten wurden im dritten Vierteljahr 1960 rund 4 220 000 (987 000) DM, im gleichen Zeitraum des Jahres 1955 aber erst 2 494 000 (473 000) DM ausgezahlt. Der Quartalsumsatz dieser Betriebe erhöhte sich von 1955 bis 1960 von 14 982 000 (1 907 000) auf 18 571 000 (3 767 000) DM.

Bei den Kraftfahrzeugbeständen fällt die Minderung bei den Motorrädern sowie die Steigerung bei Personenwagen und Zugmaschinen ins Auge. Im gesamten Regierungsbezirk Schwaben wurden Ende September vergangenen Jahres 59 795 (Mitte 1955 = 78 238) Motorräder, 104 526 (36 533) Personenwagen, 12 773 (10 626) Laster sowie 54 092 (31 130) zulassungspflichtige Zugmaschinen gezählt. Davon oder angemeldet in der Stadt Nördlingen 407 (632) Motorräder, 1133 (367) Personenwagen, 221 (170) Laster sowie 89 (67) zulassungspflichtige Zugmaschinen und im Landkreis Nördlingen 1926 (2423) Motorräder, 1900 (602) Personenwagen, 206 (211) Laster sowie 3454 (1739) zulassungspflichtige Zugmaschinen angemeldet.

Schließlich noch einige Angaben der landwirtschaftlichen Produktion. Die Bauern des Landkreises Nördlingen konnten im dritten Quartal 1960 verzeichnen. Eine Milcherzeu

Trinkt

Kress Malzkaffee

Hersteller: **Georg Kreß, Nördlingen**

Textil-, Weiß- und Wollwaren Tabakwaren

Hermann Fälschle

Drehergasse 13, Telefon 296

Hans Necke...
Baldinger Straße 22

Das Fachgeschäft...
Treibrie...
Sch...

Für den Herbst

den Qual...

von

Shuhhaus Gaigg...
...stätte für erstklassige Maß...

Gebr. Beyschlag
Sixenbräu A.G.
Nördlingen

Zum Scharlachrennen

empfehlen wir unsere
bekannt guten und bekömmlichen

„Sixen-Biere"

Ausschank auf der Festwiese Schießhaus-Gaststätte

Gebr. Beyschlag
BRAUEREI „ZUM SIXEN"

K. Barth
SCHIESSHAUS

August Döderlein Nachf.
Nördlingen

Bahnspedition
Güternah- und Fernverkehr
Lagerung
Telefon 8

Vergessen Sie nicht bei Ihren Herbsteinkäufen

mein Lager zu besichtigen!

Besonders günstiges Angebot:

1 Posten Herren-Polohemden
in Seide und Baumwolle . . DM 5.40, 5.-, **4.50**

Ferner empfehle ich meine schon jetzt
große Auswahl in Winterwäsche
für Herren, Damen und Kinder

MARIA WUNDEL
Baldinger Mauer 19

Bei Gicht, Rheuma, Nervenschmerzen
Dolkratzin

...Nr. 360432...

...hältlich.

...Kolonialwaren
...TSWAREN
...PREISE

...UF

...Farben

...ge

...Möbellackierungen

...beim Reimlinger Tor

Die günstigste Einkaufsquelle für den gesamten

Schulbedarf

Buchdruckerei   Formblätterverlag   Papierverarbeitung

Wilhelm Zeiträg. Nördlingen

Fernruf 117 · Gegründet 1867

Schreibwaren   Bürobedarf   Soennecken-Büromöbel

Spezialgeschäft für Füllhalter

Gasthof „Braunes Roß"
am Fuße des Daniels

BEKANNT GUTE KÜCHE

Neuzeitlich eingerichtete Fremdenzimmer
Schönes Lokal · gemütliches Nebenzimmer

Bosch-Erzeugnisse
Bosch-Reparaturen

von: Lichtmaschinen, Anlasser, Verteiler,
Zündanlagen, Einspritzpumpen, Bremsen.
Bosch-Kühlschränke · Kühlanlagen
Auto-Rad.o · Batteriedienst

Erwin Kerner K.-G. Nördlingen
am Plätzle 1 · Tel. 359

Gubi

Das Zeichen für sparsamen Einkauf

Bestgepflegte Biere

SPEZIAL-BIER

Nördlinger Pilsner

Lammbrauerei Nördlingen   August Wörlen

Kaffee immer frisch direkt vom Hersteller!

Kaffeerösterei Schönamsgruber
Vordere Gerbergasse

Die moderne Frisur
bekannt gute Ausführung
in Schnitt und Form
erhalten Sie bei

SALON MÜLLER
Deininger Str. · Tel. 495

Große Auswahl in
SCHREIBMASCHINEN
ab DM 150.- mit einjähriger Garantie.

Gebr. Robisch, Nördlingen, Löpsinger Str. 31
Spezial-Reparaturwerkstatt für Schreib- und Rechenmaschinen

Für Ihre **Herbsteinkäufe**
in Schirmen - Damentaschen - Spiel-
waren empfehle ich meine große Auswahl
zu niedrigsten Preisen

Aug. Schneidt, Inh. Ed. Möhnle
Nördlingen - Schrannenstr.

Fahrräder
preiswert in großer Auswahl, mit
Zahlungserleichterung
finden Sie bei

Albert Schweizer
Nördlingen · Am Kriegerbrunnen

Hermann Lang
beim Baldinger Tor

Herren- und Burschen-
Bekleidung
Kurz- und Textilwaren

**Ihr Baby -
Ihr Stolz**
gekleidet von

Rudolf Rehlen
Am Rathaus

Gut, weil FORD ihn baut!

TAUNUS Spezial 1950

Wir stellen den Taunus Spezial 1950 vor - im neuen
Kleid und technisch ausgereift. Neben ihm sehen Sie den
Taunus Standard in seiner soliden Ausführung, den
preisgünstigen Gebrauchswagen von überzeugender
Sachlichkeit. Prüfen Sie beide auf guten und auf schlechten
Straßen, wir laden Sie zur Probefahrt ein.

Taunus Spezial 1950   DM 6285.-
Taunus Standard   DM 5350.-

Rufen Sie uns an oder kommen Sie zu

L. MEYER
Automobile   Inh. Gebr. Meyer   Telefon 204
NÖRDLINGEN

Polstermöbel direkt vom Handwerker
SIND PREISWERT UND UNERREICHT IN QUALITÄT

L. RUMPFINGER
Nördlingen, Zindelhof 2

Empfehle mich für Autosattlerei- u. Zimmertapezierarbeiten!

Frickhinger'sche Apotheke
zum Einhorn

NÖRDLINGEN, Polizeigasse 7
Ruf 354

Allopathie - Homöopathie - Krankenpflegeartikel

Brave Zeiten, wilde Zeiten

Die Bundesrepublik Deutschland in den aufbauseligen fünfziger und den aufmüpfigen sechziger Jahren

Fünf Jahre nach der „Stunde Null": Die Trümmerfrauen stehen wieder am Herd, die Schwarzmarkthändler üben sich in ehrbaren Geschäften, die Flüchtlinge richten sich in ihrer neuen Heimat ein, und im Schein der ersten Neonreklamen verblassen allmählich die Schatten der jüngsten Vergangenheit. Die Hungerjahre sind überstanden, man schaut voller Hoffnung in die Zukunft. Die Eingeborenen von „Trizonesien" haben die erste Regierung der Nachkriegszeit gewählt und sich in Bundesrepublikaner verwandelt. Konrad Adenauer, der „Alte von Rhöndorf", ist Bundeskanzler und Ludwig Erhard sein Wirtschaftsminister. Der höchste Repräsentant des Staates aber ist Theodor Heuss, der liberale und grundgescheite Bundespräsident aus Schwaben. Auch er macht den Deutschen Mut, den gesellschaftlichen Neubeginn zu meistern. Also werden die Ärmel hochgekrempelt, das Wirtschaftswunder kann kommen, die Westdeutschen sind bereit.

Noch aber zeigt die Wirklichkeit ein vorwiegend rauhes Gesicht. Der Aufbau des zerstörten Landes ist kein Kinderspiel. Doch ist bald wieder auch für Träume Platz im arbeitsreichen Alltag. Bei herzergreifenden Heimatfilmen und turbulenten Musik-Komödien dürfen die Deutschen die dunklen Jahre vergessen. Der faszinierendste Traum der Bundesbürger in den Fünzigern jedoch ist der vom eigenen Auto. Und die Autobauer tun ihr Bestes, um diesen Traum möglichst schnell und auch für möglichst viele zu erfüllen. Von der Edel-Marke mit dem Stern bis zum Kleinwagen bietet der Markt für jeden, der sich's leisten kann, das Passende. Wobei sich die kleinsten Straßenfeger zumindest an Originalität kaum übertreffen lassen. Wie der „Lloyd LP 300" etwa, der „Leukoplastbomber" mit Sperrholzkarosserie, oder der Kabinenroller von Messerschmitt, der „Schneewittchensarg" ohne Rückwärtsgang.

Das kleine Glück der Frau aber ist zart wie Seide. Strümpfe aus Perlon und Nylon erobern das Frauenbein, und mit der Zeit schlägt auch der Strumpfnaht die letzte Stunde. Überhaupt gibt sich die Dame betont modisch, wenn sie die Kittelschürze an den Nagel hängt. Das kann die Hausfrau sich jetzt ab und zu schon leisten dank Staubsauger, Kühlschrank, Wäscheschleuder und anderer patenter Haushaltshelfer. Und wenn der Alleinverdiener am Feierabend erschöpft heimkehrt vom aufreibenden Dienst am Aufbau, dann ist Gemütlichkeit Trumpf am Nierentischchen und vorm Radio. Man lebt sich ein zwischen Gummibaum und Tütenlampen. Nur die Jugend begehrt da und dort schon auf, zwängt sich in hautenge „Texas-Hosen" und tanzt sich beim Boogie-Woogie die Seele aus dem Leib.

Ein Ereignis der fünfziger Jahre jedoch begeistert Jung und Alt. Es ist der Sieg der deutschen Nationalmannschaft bei der Weltmeisterschaft im Jahr 1954 in Bern. Sepp Herberger und seine entschlossene Kickertruppe besiegen Ungarn im Endspiel mit 3:2. Die Nationalelf hat ein Land vom Ruch der Zweitklassigkeit befreit. Deutschland ist wieder wer.

Doch kaum ist das angeknackste Selbstbewusstsein so einigermaßen eingerenkt und das heimische Paradies perfekt eingerichtet im Stil der Wirtschaftswunderzeit, da zieht's die Deutschen auch schon in die Ferne. Italien ist das Land der Urlaubssehnsucht. Im Zug, im Reisebus, im Kleinwagen oder auf dem abenteuerlich bepackten Motorroller geht's gen Süden. Soviel Luxus muss jetzt sein, und dank der harten D-Mark werden wunderbare Urlaubs-Märchen wahr.

Die hohe Politik dagegen zeigt sich

alles andere als märchenhaft. Der „Kalte Krieg" bewegt mit seinen Unwägbarkeiten West und Ost. Doch fühlt sich Deutschland unter den Fittichen seines großen Bruders beschützt und geborgen. Und das Wohlstands-Sofa ist kommod genug, um gemütlich darin auszuspannen. Der Alltag hat sich eingespielt, die Unsicherheit hat ausgespielt. So können die Deutschen, als Theodor Heuss geht und Heinrich Lübke kommt, zufrieden Abschied nehmen von den aufbauseligen und überwiegend braven fünfziger Jahren. Es hat sich gelohnt, die Ärmel aufzukrempeln und anzupacken. Die Trümmerwüsten der Nachkriegszeit sind vergessen, der Wohlstand wächst, die Zukunft zeigt sich vielversprechend.

Mit reichlich Tempo starten die Deutschen in die Turbulenzen der jugendbewegten sechziger Jahre. Gleich zu Beginn des stürmischen Jahrzehnts läuft der blonde Sprinter Armin Hary die 100 Meter in sensationellen 10 Sekunden und legt damit einen außerordentlich haltbaren Weltrekord vor. Seine party-freudigen Landsleute dagegen begeistern sich mehr für den Hüftschwung und entdecken den Twist als neuen Freizeitsport. Doch tut nicht nur die Jugend im Wirtschaftswunderland

gut daran, sich fit zu machen für die Ereignisse der bevorstehenden Jahre. Bald nämlich ist's ein für allemal vorbei mit der Beschaulichkeit. Das Jahrzehnt der Jugend bricht an, der Epoche des Wirtschaftswunders folgt die Ära der Aufmüpfigkeit. Protest ist angesagt, die Haare werden länger und die Nächte kürzer.

Im Rhythmus einer lautstark auftrumpfenden Musik pulst bald schon das Jahrzehnt. Die „Beatles" jubilieren „yeah, yeah, yeah", die Beat-Generation gibt sich vorwiegend gutgelaunt und unbeschwert. Und auch das weibliche Geschlecht genießt dank der Anti-Baby-Pille neue, zuvor nicht gekannte Freiheiten.

Doch Wunder fallen auch in diesen fortschrittsbewegten sechziger Jahren nicht vom Himmel. Die unbarmherzigen Gesetze des Kalten Krieges außer Kraft zu setzen, gelingt auch dem sympathisch jungen US-Präsidenten John F. Kennedy nicht. So sehen sich die Deutschen am 13. August 1961 mit einem Ereignis konfrontiert, das alle Hoffnung auf eine Besänftigung der Ost-West-Konfrontation zerstört. Mit dem Bau der Berliner Mauer zwingt Staatschef Walter Ulbricht die fluchtwilligen Bewohner der DDR erbarmungslos zur

Republiktreue. Die Welt hat eine neues Monument der Unversöhnlichkeit. Nicht minder schwer erschüttert auch die Deutschen ein Ereignis, dessen Schauplatz die texanische Hautpstadt Dallas ist. Dort fällt am 22. November 1963 John F. Kennedy einem heimtückischen Attentat zum Opfer.

Von ganz anderer Art ist die Empörung, die Deutschland im Sommer 1966 bewegt. Im Londoner Wembley-Stadion fällt im Endspiel um die Fußballweltmeisterschaft, das die Nationalmannschaften von Deutschland und England bestreiten, in der 101. Spielminute das „Tor des Jahrhunderts". Ein Tor, das zumindest aus der Sicht der Deutschen keines war, obwohl der russische Linienrichter den Ball hinter der Torlinie hat aufhüpfen sehen, nachdem er an der Querlatte abgeprallt war. So oder so, am Ende sind die Engländer Weltmeister und die Deutschen die enttäuschten Zweiten.

Aus Enttäuschung über die allzu gemächliche Gangart des Fortschritts gibt sich die deutsche Jugend links und radikal. Zur zornigen Revolte gegen die wohlstandssatte Nachkriegsgesellschaft aber eskaliert der Protest, als bei einer Demonstration gegen den Schah von Persien, der auf Staatsbesuch in Deutschland ist, der Student Benno Ohnesorg durch den Polizisten Karl-Heinz Kurras erschossen wird. Und ein Jahr später wird Rudi Dutschke, der charismatische Chefideologe der Studentenbewegung bei einem Attentat schwer verletzt. Die gesellschaftliche Konfrontation erreicht den Siedepunkt.

Doch probt die Generation der Aufmüpfigen nicht nur auf der Straße den Aufstand gegen alle Konventionen. Auch im überschaubaren Kreis basteln die Salon-Revolutionäre lustvoll an gesellschaftlichen Alternativ-Modellen. Ungeniert werden auf den Matratzenlagern der Wohngemeinschaften und Kommunen die Grenzen der sexuellen Freizügigkeit ausgelotet. Doch äußert sich die Abneigung gegen private und gesellschaftliche Profitgier auch im entschlossenen Verzicht. Als „Gammler" genießt der konsequente Konsum-

verweigerer die Reize des süßen Nichtstuns und zumindest bei nicht ganz so konsequenten Karriereverweigerern auch Verehrung. In romantischen Alternativ-Welten schwelgen auch die Blumenkinder in der Friedfertigkeit. Allerdings halten nicht alle Apostel der Sanftmut die Macht der „Flower Power" für dynamisch genug, um das individuelle Bewusstsein in Richtung neuer Freiheitsräume zu erweitern. Erst der Genuss von Haschisch, Marihuana und LSD macht den Hippie richtig happy.

Nicht nur die Macht der Drogen jedoch, auch der technische Fortschritt gibt dem menschlichen Allmachtsgefühl in diesen turbulenten Zeiten kräftig Auftrieb. Um 3.56 Uhr mitteleuropäischer Zeit betritt am 21. Juli 1969 der erste Mensch den Mond. Milliarden von Begeisterten erleben dieses historische Ereignis am Fernsehapparat mit.

Dabei zeigen sie sich auch von der philosophischen Treffsicherheit tief beeindruckt, mit der US-Astronaut Neil Armstrong seine Pionierleistung kommentiert: „Dies ist ein kleiner Schritt für einen Menschen, aber ein gewaltiger Schritt für die Menschheit."

Mit dem Aufbruch in eine neue Epoche endet auch in Deutschland das Jahrzehnt, das die Jugend entscheidend geprägt hat. Wechselstimmung liegt nach der Bundestagswahl vom September in der Luft. Und tatsächlich gelingt es dem Vorsitzenden und Spitzenkandidaten der SPD, mit den Freidemokraten ein Koalitionsbündnis zu schmieden und die Konservativen in die Opposition zu zwingen. Am 21. Oktober 1969 wird Willy Brandt zum Bundeskanzler gewählt.

Helmut Engisch

19**50**

Die fünziger Jahre beginnen, und damit darf von so manchen lästigen Alltagsbegleitern Abschied genommen werden. Zum Beispiel von der Lebensmittelmarke. Sie hat ihre Schuldigkeit getan, sie darf verschwinden. Allerdings hat auch die neue Konsumfreiheit, die nun anbricht, ihre Grenzen. Zwei Millionen Arbeitslose gibt's im Aufbau-Land, fünf Millionen Familien leben von winzigen Renten, und die Hälfte aller Lohn- und Gehaltsempfänger müssen mit einem äußerst bescheidenen Einkommen auskommen. Wie schön, dass es in dieser Zeit auch Träume gibt. In den Lichtspielhäusern schwelgen 16 Millionen Deutsche mit Sonja Ziemann und Rudolf Prack in Schwarzwald-Romantik. Das Operettenmärchen vom „Schwarzwaldmädel" wird zum Kino-Kassenschlager des Jahres. Und der Erfolg macht Schule. Bald schon schwappt eine überwältigende Heimatfilm-Welle über Deutschland her und stillt formatfüllend die Sehnsucht nach einer heilen Welt.

Mut zum Optimismus macht im Frühjahr eine kesse Berliner Göre, die in Berlin die Freizeitparole für den Sommer ausgibt: „Pack' die Badehose ein!". Immerhin bringt es die kleine Conny mit diesem erfrischenden Schlagerliedchen zum Kinderstar und wird später in den Fünfzigerjahren noch so einiges von sich hören lassen.

Bundeskanzler Konrad Adenauer (rechts) und Wirtschaftswunder-Minister Ludwig Erhard (unten links), die politischen Leitfiguren des deutschen Wiederaufbaus.

Die Filmwelt der Fünfziger: Alpenromantik mit „Heidi" und Liebesromantik mit „Sissy".

49

19 51

Kaum ist das neue Jahr ange-brochen, erhitzt ein handfester Skandal die Gemüter. Die Schauspielerin Hildegard Knef präsentiert sich im Willi-Forst-Film „Die Sünderin" vollkommen hüllenlos und schnell kommt es zum lautstarken Protest kirchlicher und anderer Sittenwächter. Bei solcher Anteilnahme ist es kein Wunder, dass sich das Filmchen schnell zum Kassenschlager mausert. Doch bald schon beherrscht ein anderes Thema die Titelblätter der Illustrierten. In Teheran hat der Schah von Persien die noch nicht ganz 18-jährige Soraya Esfandiari geheiratet. Eine Märchenhochzeit, die auch Deutschlands Kaffeekränzchen sehr begeistert.

Mit einem Ereignis, das vor allem die Herzen der deutschen Männer höher schlagen lässt, macht die Messestadt Frankfurt am Main im Frühjahr 1951 auf sich aufmerksam. Am 19. April eröffnet Bundespräsident Theodor Heuss die erste Internationale Automobilausstellung (IAA). Im Mittelpunkt der Auto-Schau, bei der 518 Aussteller um die Gunst des Publikums konkurrieren, stehen eindeutig die deutschen Automobil-Schmieden. Und sie werben auch um die Gunst der deutschen Normalverdiener. Zum Beispiel mit dem „Lloyd LP 300" von Borgward, der sich schnell als „Leukoplastbomber" einen berühmten Namen macht.

Prachtexemplar des automobilen Aufbruchs: der „Leukoplastbomber" von Lloyd.

Schaufenster des Fortschritts: die erste Internationale Automobilausstellung (IAA) in Frankfurt.

Eindeutig und absatzfördernd – Schuhmode in den frühen Fünfzigern.

Der Warenhaus-Katalog: Bilderbuch einer wachsenden Konsumbegeisterung.

Begeisterung für Blumiges: Dekostoffe um 1953.

Ein Hauch von Frivolität: die Frau von Welt zeigt Bein.

ARWA *Strümpfe*

Das Steiff-Bambi: herzig und mit Knopf im Ohr.

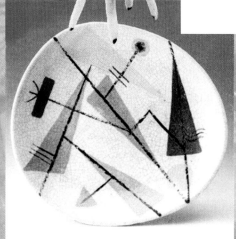

Der Zeitgeist zeigt sich abstrakt: Wandschmuck aus Keramik.

Die Herrenmode der Fünfziger: Schlips ist Pflicht, Hut tut gut.

Für den exotischen Auftritt: Pumps aus Pythonleder.

Endlich dürfen sich auch die Westdeutschen ihr Gemeinschaftsgefühl wieder von der Seele singen. Bundespräsident Theodor Heuss erhebt die dritte Strophe des Deutschlandlieds zur Nationalhymne der Bundesrepublik. Nach ganz anderen Tönen steht der Jugend des Landes der Sinn. Sie tobt sich im Rhythmus des „Boogie-Woogie" aus, trägt hautenge „Texas-Hosen" und ist ganz wild auf Coca-Cola.

Allerdings ist nicht ganz Deutschland so bescheiden im Genuss. Jedenfalls legt eine Umfrage den Verdacht nahe, dass die Wirtschaftswunderkinder vor allem als Schlemmer gewichtige Fortschritte machen.

Die Statistik bescheinigt den deutschen Männern ein durchschnittliches Übergewicht von 1,5 bis zwei Kilogramm. Doch auch die deutsche Frau lässt sich die Butter nicht vom Brot nehmen. Sie bringt genau ein Kilo zu viel auf die Waage, was möglicherweise auch damit zu tun hat, dass die Deutschen gar zu ausdauernd am

Theodor Heuss, der erste Bundespräsident der Republik.

Radio sitzen, das neuerdings ein „Magisches Auge" ziert. Und zum Jahresende steht zumindest den Betuchteren ein noch unterhaltsameres Erlebnis bevor. Am Abend des ersten Weihnachtsfeiertags beginnt in Deutschland das Fernsehzeitalter.

Peter Frankenfeld (rechts), prominenter Pionier der frühen Fernsehjahre.

Gegen politische Willkür und Unterdrückung: Arbeiter-Protest vor dem Brandenburger Tor.

Trauer um die Opfer des Aufstands vom 17. Juni.

Ein Flugzeugkonstrukteur sorgt für die Automobil-Sensation des Jahres. Im März präsentiert Messerschmitt seinen Kabinenroller, den „Schneewittchensarg". Das Wägelchen mit der „Käseglocke" als Dach bringt's vorwärts immerhin auf 75 Stundenkilometer. Rückwärts aber fährt es nicht. Beim Wenden muss der Zweisitzer per Muskelkraft bewegt werden.

Sonnenanbeterin im „Schneewittchensarg".

Im Juni erleidet die Hochstimmung dieses Sommers zumindest in Deutschland einen nachhaltigen Schock. Am 17. Juni kommt es in der Ostzone zum Volksaufstand. 19 Tote und 126 Verletzte ist die Bilanz des gescheiterten Aufbegehrens gegen staatliche Willkür und Unterdrückung. Auch das Erlebnis dieser Ereignisse führt dazu, dass das Ergebnis der Bundestagswahl im September an Eindeutigkeit nichts zu wünschen übrig lässt. Mit Bundeskanzler Konrad Adenauer an der Spitze erringen CDU und CSU mit 45 % die Mehrheit. Seinen Teil dazu beigetragen haben mag auch ein CDU-Wahlkampfplakat mit dem unmissverständlichen Slogan „Alle Wege des Marxismus führen nach Moskau".

Der Zeitgeist wird möbliert –
Garderobe und Wohnzimmer-Couch
in den Fünfzigern.

Die Musik kommt aus der Truhe:
Phonoschrank 1954.

Patenter Helfer der Hausfrau:
Waschmaschine mit
Wäschemangel.

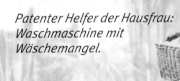

Schmucke Vasen, satte Polster:
Wohnzimmerkultur um 1954.

Muttis Lieblingsgerät:
die Nähmaschine.

55

„Es liegt was in der Luft" trällern Mona Baptiste und Bully Buhlan in harmonischer Schlager-Zweisamkeit. Die beiden liegen gar nicht so schlecht mit ihrer Ahnung. In Bern wird Deutschlands National-Elf mit einem 3:2-Sieg Weltmeister. Der Reim, den sich die im Glück taumelnden Landsleute auf diesen Sieg machen, ist so schlicht wie überzeugend: „Wir sind wieder wer!"

Die deutschen Frauen dagegen haben kaum Grund zu gesteigertem Selbstbewusstsein. Der Bundestag stellt kurz vor Jahresende verbindlich fest, dass die unverheirateten Bundesbürgerinnen sich amtlicherseits auch künftig als „Fräulein" titulieren lassen müssen. Den Ehrentitel „Frau" gibt's nur gegen Trauschein. Und auch im deutschen Fernsehen ist familienpolitisch alles in bester biederer Ordnung. Die „Familie Schölermann" erobert das TV-Publikum im Sturm und darf sich nun sechs Jahre lang als deutsche Vorzeige-Familie profilieren.

Die Helden von Bern bei ihrem Triumph-Korso in München (oben). Erfolgstrainer Sepp Herberger (rechts) strahlt mit seinem Mannschaftskapitän Fritz Walter (links) und Torhüter Toni Turek (Mitte) um die Wette.

Unaufhaltsam gewinnt das deutsche Wirtschaftswunder weiter an Fahrt, und sein verlässlichster Antrieb ist der Wunsch der Deutschen nach einem Auto. Ein Wunsch, der sich immer häufiger erfüllt. Am 8. August läuft in Wolfsburg der millionste VW-„Käfer" vom Band. Allerdings ist selbst das Standardmodell, es kostet 3940 Mark, für so manchen „Otto Normalverbraucher" noch immer zu teuer. Also basteln die Autokonstrukteure unverdrossen weiter an Miniatur-Gefährten für den „kleinen Mann".

Im niederbayerischen Dingolfing wird das Goggo-Mobil zusammengeschraubt, das originellste Gefährt von BMW ist die „Isetta". Als absolutes Luxusgefährt kurvt aus Untertürkheim der 300 SL mit seinen aufsehenerregenden „Flügeltüren" auf den Markt, doch erfreut sich auch die elegante „Isabella" von Borgward größter Beliebtheit.

Ein prominentes Opfer fordert der automobile Geschwindigkeitskult in diesem Jahr in Amerika. In den Trümmern seines Porsche „Spyder" stirbt am 30. September auf einem kalifornischen Highway mit 24 Jahren der Schauspieler James Dean, das Idol der lässig-aufsässigen Jugend.

Als Held der Politik wird Bundeskanzler Konrad Adenauer im September nach der Rückkehr von seiner Moskau-Reise gefeiert. Er hat mit den Machthabern im Kreml ausgehandelt, dass die annähernd 10 000 deutschen

Kriegsgefangenen, die noch immer in der Sowjetunion festgehalten werden, endlich freikommen. Im Oktober schon treffen die ersten Züge mit Spätheimkehrern im Lager Friedland ein.

Bei weitem weniger Aufsehen erregt ein Abkommen zwischen der Bundesrepublik Deutschland und Italien, das am 21. Dezember 1955 in Rom unterzeichnet wird. Dennoch

wird dieses „Anwerbe-Abkommen" Deutschland nachhaltig verändern. Es ebnet den ersten Gastarbeitern den Weg ins gelobte Land der D-Mark.

Hart und stark: die Deutsche Mark.

DIE 50er STARPARADE

Hans-Joachim Kulenkampff   Fred Bertelmann   Tony Sailer   und Horst Buchholz   Ruth Leuwerik

Cornelia „Conny" Froboess   Freddy Quinn

Romy Schneider und
Joachim Fuchsberger   Lilli Palmer und
Curd Jürgens

Heinz Rühmann

Theo Lingen, Hans Moser und Co.

Georg Thomalla und Peter Alexander

Hildegard Knef

Lieselotte Pulver

Hardy Krüger

Filmplakat 1954

Peter Kraus

Vico Torriani

O. W. Fischer

WALTER KOPPEL ZEIGT:

Des Teufels General

EIN FILM VON HELMUT KÄUTNER

CURD JÜRGENS · VICTOR DE KOWA · KARL JOHN

Dass die Welt noch immer ein Pulverfass ist, zeigt sich im Nahen Osten bei der Suez-Krise, die in kriegerischen Auseinandersetzungen gipfelt. Krieg gegen die Freiheit führen die Sowjets in diesem Herbst in Ungarn. Sie schlagen den Aufstand von Studenten und Arbeitern grausam nieder. 2 000 Todesopfer fordert das vergebliche Aufbegehren, 200.000 Ungarn fliehen aus Angst vor Verfolgung ins Ausland.

Für die internationale High-Society ist die Hochzeit von Fürst Rainier von Monaco mit der Schauspielerin und Oscar-Preisträgerin Grace Kelly das Ereignis des Jahres und am heimischen Musikhimmel strahlt Caterina Valente mit ihrer ersten Goldenen Schallplatte.

19 56

Mit und ohne Bügelfalten:
Die ersten Uniformen der neuen
Bundeswehr.

Daheim ist's dank Nierentisch, Tütenlampen und Gummibaum zwar am schönsten, doch einmal im Jahr treibt die Sehnsucht auch die Deutschen in sonnenverwöhnte Fernen. „Komm ein bisschen mit nach Italien, komm ein bisschen mit ans blaue Meer ..." trällern Caterina Valente und Silvio Francesco und locken die Deutschen an die Strände des Mittelmeers.

Nicht nur sportlich, auch wehrhaft und stramm soll sich die reifere deutsche Jugend bald wieder zeigen. Darauf jedenfalls zielt der Beschluss ab, den der Bundestag im Juli 1956 nach 18-stündiger Debatte fasst. Auch in Westdeutschland wird die allgemeine Wehrpflicht wieder eingeführt.

VETRIX MACHT gute FIGUR

Mach mal Pause

Selbstbewusste Mehrheitsbeschaffer:
Kanzler Adenauer (rechts) und
Wirtschaftsminister Erhard.

„Was wähle ich?" heißt die Frage, mit der sich spätestens am 15. September des Jahres das deutsche Wahlvolk befassen darf. Als am Abend des Wahltags die Stimmen gezählt sind, zeigt sich, dass sich die Deutschen überaus wohlfühlen im Wohlstands-Sofa des Gewohnten. Die Unionsparteien haben die Wahl mit der absoluten Mehrheit von 50,2 Prozent für sich entschieden. Und so geht's mit Bundeskanzler Konrad Adenauer und mit Wirtschaftsminister Ludwig Erhard in Deutschland weiter wie bisher.

Nicht auf das weite Feld der Tagespolitik, sondern hinauf zum fernen Sternenhimmel richten auch die Deutschen Anfang Oktober ihre Blicke. Dort dreht der erste Weltraum-Satellit seine Runden. „Sputnik 1" heißt die 84 Kilogramm schwere Kapsel, die

sowjetische Techniker und Ingenieure auf ihre Umlaufbahn geschossen und damit ihre amerikanische Konkurrenz in tiefe Verzweiflung gestürzt haben. Von diesem Erfolg beflügelt, schießen die Russen einen Monat später den zweiten Sputnik samt der Hündin „Laika" ins All. Allerdings bezahlt die Hundedame ihr Weltraumabenteuer mit dem Leben.

Noch heftiger als Wahlkämpfe und Weltraumdramen bewegt im Herbst ein Mord im Frankfurter Halbweltmilieu die Deutschen. Am 1. November 1957 wird in einer Wohnung in der Frankfurter Stiftsstraße die Leiche einer jungen Dame gefunden, die sich ihren luxuriösen Lebensstil in jenem Gewerbe verdiente, das als das älteste der Welt gilt. Und in der Kundenkartei von Rosemarie Nitribitt finden sich die Namen hochkarätiger Persönlichkeiten aus Wirtschaft und Gesellschaft, die sich die Liebesdienste ihrer Großstadt-Kurtisane so einiges haben kosten lassen. Das so sittsame und brave Nachkriegsdeutschland hat seinen ersten Gesellschaftsskandal.

Am 21. September sinkt das 1904 in Dienst gestellte Segelschulschiff der Marine, die „Pamir", 600 Seemeilen südwestlich der Azoren im schweren Orkan. Von den 86 Besatzungsmitgliedern können lediglich 6 lebend geborgen werden.

Mit gemischten Gefühlen blickt die wachsende Zahl der Verkehrssünder in Deutschland zu Jahresbeginn gen Norden. In Flensburg wird die deutsche Verkehrssünderkartei eingerichtet. In der werden von nun an verlässlich die Strafpunkte aufgelistet werden, die Deutschlands Verkehrsrowdys bei ihren Verstößen gegen die Verkehrsregeln sammeln.

Mit einer Hiobsbotschaft aus Persien überraschen die Illustrierten im März ihr Publikum. Sieben Jahre lang haben die Untertanen des Schahs vergeblich darauf gewartet, dass ihnen das Traumpaar auf dem Pfauenthron den ersehnten Thronfolger be-

Elvis Presley, Deutschlands prominentester GI im Anmarsch.

schert. So bekommt die unglückliche Soraya nun, da sich der Schah von ihr trennt, noch einen letzten Großauftritt auf den Titelseiten der führenden Klatsch- und Tratsch-Magazine.

Außer Rand und Band geraten die deutschen Fans des Rock 'n' Roll am 1. Oktober. In Bremerhaven geht der prominenteste GI der US-Army von Bord, um im hessischen Friedberg seinen Wehrdienst anzutreten. Hundertschaften von Verehrerinnen und Verehrern des „King of Rock 'n' Roll" versammeln sich in Bremerhaven am Hafen, um ihr Idol Elvis Presley zu bejubeln. Der aber sitzt bereits schon im Zug nach Friedberg in Hessen, wo er bald in aller Ruhe seinen Spind einräumen darf.

Einen grandiosen Erfolg feiert das künftige Traumpaar der Eiskunstlauf-Arenen am 1. Februar in Davos. Der 17-jährige Hans-Jürgen Bäumler und seine 16-jährige Partnerin Marika Kilius hüpfen so gekonnt übers Eis, dass die Preisrichter ihre Täfelchen mit den Höchstnoten zücken und den beiden die Europameisterschaft zuerkennen.

Die Damenwelt überrascht im hitzigen Sommer 1959 mit einem ausgeprägten Drang zu mehr Freizügigkeit. Der einteilige Badeanzug verschwindet in der Mottenkiste der Mode, die Badenixe mit Sinn für Effekt verhüllt sich zweiteilig und macht bei der Herrenwelt damit doppelt Eindruck. Der textile Muntermacher der Saison ist der Bikini.

Unter leicht erhöhter Temperatur leiden in diesem Bilderbuchsommer für einige Tage zumindest die Kandidaten, die sich als Nachfolger von Bundespräsident Theodor Heuss empfehlen. Der SPD-Politiker Carlo Schmid, Max Becker von der FDP und der CDU-Landwirtschaftsminister Heinrich Lübke bewerben sich um das höchste Amt im Staat. Gewählt wird am 1. Juli der biedere Konservative aus dem Sauerland, der während seiner Amtszeit dann vor allem durch Redebeiträge auf sich aufmerksam macht, die bei seinem Publikum für eher unfreiwillige Heiterkeitsausbrüche sorgen.

Die Kühle des Herbstes nutzt die SPD, um in Bad Godesberg einen neues Grundsatzprogramm zu beschließen.

Sie nimmt damit Abschied vom Klassenkampf und wird für neue Wählerschichten attraktiv.

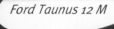

„Leukoplastbomber"
Lloyd

Opel Olympia Rekord

Ford Taunus 12 M

DKW-Motorrad
auf Werbeplakat

VW Cabrio

BMW „Isetta"

Porsche

NSU „Prinz"

DKW

Mercedes Benz-Klasse

„Karman Ghia" von VW

Opel „Kapitän L"

Zündapp und Messerschmitt

Borgward „Isabella Cabrio"

BMW Coupé

BMW R 71

unser Traum ein
HEINKEL Tourist

Vespa

Ich will Euch auf Händen tragen

hört man oft den Vati sagen.

Schließlich wird es ihm zu viel - Lösung klar:

Goggomobil

Der liebenswerte und schnelle Kleinwagen für zwei Erwachsene, zwei Kinder und Gepäck. Verlangen Sie kostenlos unseren Sonderprospekt C 12.

Maschinen für rechte Männer
Sicherheit durch grosse Beschleunigung

NSU

NSU-MAXI   175 ccm 12,5 PS
NSU-SUPERMAX 250 ccm 18 PS

Wann startest Du auf NSU ?

67

Der deutsche Blitz-Sprinter Armin Hary beim Start und nach seinem olympischen Gold-Lauf in Rom (jeweils vorn im Bild).

Das Jahrzehnt des Aufbaus ist vorbei, der Wohlstand ist heimisch geworden im Wirtschaftswunderland. Und wer Arbeit sucht in Deutschland, der findet sie auch. Auf die Traummarke 1,2 Prozent ist die Arbeitslosenquote gefallen. Also wird es jetzt so allmählich Zeit, die unbeschwerteren Seiten des Lebens zu entdecken. Da kommt die stufenweise Einführung der 40-Stunden-Woche gerade recht. So gehört Vati samstags bald ganz der Familie.

Auf der Weltbühne des Sports überzeugen die Deutschen mit atemberaubenden Leistungen. Bei den Olympischen Winterspielen in Squaw Valley beweist die gesamtdeutsche Mannschaft, dass Einigkeit stark macht. Die Ostberlinerin Helga Haase gewinnt beim Schnell-Lauf auf dem Eis über 500 Meter Gold und über 1000 Meter Silber. In der Damen-Abfahrt schießt Heidi Biebl aus Oberstaufen als Erste durchs Ziel, und in der Nordischen Kombination wird Georg Thoma, der Postbote aus dem Schwarzwald, Olympiasieger. Mit einem sensationellen Lauf meldet der Sprinter Armin Hary im Juni in Zürich seinen Anspruch auf höchste Athleten-Ehren an. Er läuft die 100 Meter in genau 10 Sekunden. Im September, bei den olympischen Wettbewerben in Rom, läuft er der Konkurrenz in 10,2 Sekunden davon und wird dafür mit Gold belohnt.

Für eine politische Sensation sorgen im November die Amerikaner. Mit knappem Vorsprung wird der 43-jährige John F. Kennedy zum 35. Präsidenten der USA gewählt und verweist seinen Gegner Richard Nixon bis auf weiteres in den Wartestand. Seine Wahl ist ein Indiz dafür, dass auch in der Politik die Zeit der alten Männer abgelaufen ist und eine neue Generation ihren Anspruch auf die Gestaltung der Welt anmeldet.

Der große Schock trifft die Deutschen mitten im Sommer. Am 13. August errichten Ostberliner Bauarbeiter auf politisches Geheiß mitten in der Stadt eine Mauer. Herzzerreißende Szenen spielen sich bald an diesem Grenzbauwerk ab. Und wer im letzten Moment die Flucht in die Freiheit schafft, kann von Glück sagen. Nach kurzer Zeit schon ist das Monument mit Stacheldraht bewehrt und von einem Todesstreifen gesäumt. Der Westen zeigt sich angesichts dieses Bollwerks gegen die wachsende Zahl der Republik-Flüchtlinge empört. Doch werden alle Protestnoten von Moskau schroff zurückgewiesen. Die Berliner Mauer wird zum grausamen Mahnmal der deutschen Teilung.

Mit einem halbwegs rühmlichen Ergebnis gewinnen die Unionsparteien am 17. September die Wahl zum Deutschen Bundestag. Nach dem Verlust der absoluten Mehrheit muss Konrad Adenauer nun die FDP mitregieren lassen.

Nicht nur die deutsche Wirtschaft, auch das deutsche Fernsehen setzt erfolgreich auf US-Import. Im Vorabendprogramm taucht Mike Nelson durch seine „Abenteuer unter Wasser", und als Detektiv kiekst sich „Kookie" durch die Serie „77 Sunset Strip". Doch auch Amerikas Westernhelden erobern einen Stammplatz im deutschen TV. „Am Fuß der blauen Berge" sorgen aufrechte Cowboys für Recht und Ordnung.

Der Bau der Berliner Mauer schockiert auch die Politiker der westlichen Welt.
Doch Moskau weist die Proteste schroff zurück, und lange Jahre blieb das Mahnmal der deutschen Teilung ein streng bewachtes Monument des Kalten Krieges.

Der Rocksaum rutscht
übers Knie,
der Mini diktiert die Mode.

Blumige Zeiten
im Zeichen der Flower-Power.

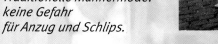

Traditionelle Männermode:
keine Gefahr
für Anzug und Schlips.

Auch das Campen wird komfortabel: Urlaub im Hauszelt.

Der Zeitgeist
schwelgt in Partylaune.

Trendiger US-Import:
der „Hula-Hoop"-Reifen.

Haarige Kunstwerke:
aufgeföhnt und hochtoupiert.

Hut- und Bademode: verliebt in Schleifchen.

Land unter bei der Sturmflut in Hamburg.

19 62

Die Retter kommen im Schlauchboot.

Eine Jahrhundertflut erleben die Menschen an Deutschlands Nordseeküste im Februar. 312 Menschen kommen bei dieser Naturkatastrophe allein in der Hansestadt Hamburg ums Leben. Als umsichtiger und unbürokratischer Organisator der Rettungsmaßnahmen bewährt sich der Hamburger Innensenator Helmut Schmidt. Er pfeift auf die geltenden Gesetze und setzt Bundeswehrsoldaten als Nothelfer ein.

Zwei Monate später erlebt Hamburg eine musikalische Sensation, die aber vorerst unbeachtet bleibt. Vier jugendliche Musiker aus Liverpool gastieren im „Star-Club" auf der Reeperbahn. Und sie bewerben sich bei „Decca" um Plattenaufnahmen, die jedoch wegen mangelnder Qualität der Nachwuchsband aus England scheitern. Allerdings erobern die „Beatles" bald auch ohne deutsche Starthilfe die Hitparaden der Welt.

In ihrem Haus in Hollywood setzt die 36-jährige Marilyn Monroe ihrem Leben und ihrer strahlenden Karriere als Filmstar mit einer Überdosis Schlaftabletten ein Ende. Als Akt- und Pinup-Model hatte ihre Laufbahn begonnen. Doch dann entdeckte auch die Filmindustrie ihre aufsehenerregenden Kurven. „Blondinen bevorzugt", „Wie angelt man sich einen Millionär", „Das verflixte 7. Jahr" und „Manche mögen's heiß" sind die Erfolgsfilme, mit der sich die einsame Diva Weltruhm erworben hat.

In der letzten Oktoberwoche bewegt sich die Welt am Rand eines neuen Weltkriegs. Nach dem sowjetischen Versuch, auf der Karibik-Insel Kuba Mittelstreckenraketen zu stationieren, stellt US-Präsident Kennedy seinem Kontrahenten Chruschtschow ein Rückzugs-Ultimatum, verhängt am 22. Oktober eine Seeblockade über Kuba und versetzt die US-Streitkräfte in Alarmbereitschaft. Da mehrere mit Kriegsmaterial beladene Sowjet-Schiffe bereits auf dem Weg nach Kuba sind, scheint ein kriegerischer Konflikt unvermeidlich. Doch gibt Nikita Chruschtschow im letzten Moment klein bei, und die Welt atmet auf.

1963

Mit waghalsigen Sprüngen und eleganten Pirouetten tanzt sich das Traumpaar des deutschen Eiskunstlaufs im März an die Weltspitze. In Cortina d'Ampezzo gewinnen Marika Kilius und Hans-Jürgen Bäumler die Weltmeisterschaft.

Auf dem Weg zum Weltmeister im Urlaubmachen sind die Deutschen inzwischen ein gutes Stück weitergekommen. Das Bundesurlaubsgesetz garantiert den Heldinnen und Helden des Wirtschaftswunders jetzt 18 Tage Urlaub. Da mag so mancher Chef mit Inbrunst einstimmen in den Schlager, mit dem Freddy die Hitparaden stürmt: „Junge, komm bald wieder!"

Zu einem wahren Triumph gerät der Berlin-Besuch von John F. Kennedy am 26. Juni. Unter Jubel und im Konfettiregen fährt der Gast durch die Stadt und zum Schöneberger Rathaus. Dort macht er den Bewohnern der geteilten Stadt mit einer fulminanten Rede Mut, die in einem Satz von historischem Gewicht gipfelt: „Ich bin ein Berliner!" Umso mehr erschüttert die Deutschen das Attentat von Dallas, dem John F. Kennedy am 22. November zum Opfer fällt. Von zwei Gewehrschüssen wird an jenem Tag um 12.29 Uhr in der Hauptstadt des US-Bundesstaates Texas der amerikanische Präsident im offenen Wagen niedergestreckt. Jackie Kennedy, die neben ihrem Mann im Fond des offenen Wagens sitzt, bleibt unverletzt. Nur kurze Zeit nach dem An-

schlag wird in Dallas der mutmaßliche Attentäter festgenommen, doch wird auch Lee Harvey Oswald wenig später erschossen. So bleibt es der Welt bis auf weiteres ein Rätsel, wer hinter dem Mord an John F. Kennedy steckt.

Am 22. November besuchen US-Präsident Kennedy und die First Lady die texanische Metropole Dallas. Doch die Stadtrundfahrt der hohen Gäste findet ein grausiges Ende. Von den Schüssen des Attentäters Lee Harvey Oswald tödlich getroffen, sinkt John F. Kennedy auf dem Rücksitz der Staatslimousine in sich zusammen (unten).

Conny Froboess und Fred Bertelmann

Rex Gildo

Freddy Quinn

Götz George

Drafi Deutscher

„Gitte"

Joan Baez

Lex Barker

Maria Versini

Steward Granger

Uschi Glas

Harald Leipnitz

Karin Dor

Pierre Brice

Mario Girotti

74

Gus Backus

Sean Connery

Marylin Monroe

Udo Jürgens

Bob Dylan

„The Beach Boys"

„The Beatles"

„Roy Black"

„The Rolling Stones"

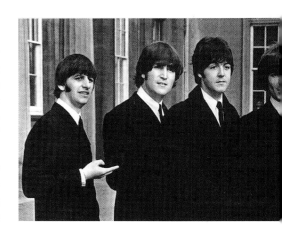

1964

Generationswechsel: Bundestrainer Sepp Herberger nimmt Abschied, Helmut Schön (rechts) tritt als Nachfolger an.

Befreiung gewährt der Mode-Designer Rudi Gernreich. Er schickt seine Models „oben ohne" an den Strand. Allerdings ist soviel Freiheit selbst den couragiertesten Damen zu gewagt.

Mit einem Generationenwechsel beginnt im deutschen Fußball eine neue Ära. Im Juni nimmt Bundestrainer Sepp Herberger Abschied von seinem Amt. 162 Spiele der deutschen Nationalmannschaft hat der Philosoph im Trainingsdress („Der Ball ist rund") aus Mannheim betreut und ist damit zur Legende geworden. Zu seinem Nachfolger wird der 48-jährige Helmut Schön ernannt.

Die USA stürzen sich im Sommer im fernen Osten in ein kriegerisches Abenteuer, das Jahre später als Albtraum enden wird. Im August gibt Präsident Johnson den Befehl zur Bombardierung nordvietnamesischer Küstenstellungen. Damit beteiligt sich Amerika nun auch offiziell am Kriegsgeschehen in Vietnam.

In Miami Beach wird im Februar ein 22-Jähriger Boxweltmeister aller Klassen. In sechs Runden besiegt Cassius Clay seinen Rivalen, den Champion Sonny Liston. Doch überzeugt der neue und jüngste Weltmeister aller Zeiten im Schwergewicht nicht nur mit den Fäusten. Er beeindruckt Anhänger und Gegner auch mit der Kraft seines Mundwerks, weshalb er schnell als „Großmaul" verschrien ist.

Mit einem einmaligen Rekord melden Ende März die „Beatles" ihren Anspruch auf einen Eintrag ins Buch der Pop-Geschichte an. Unangefochten behaupten die vier „Pilzköpfe" aus Liverpool die ersten fünf Plätze der US-Hitparade.

Die junge englische Modeschöpferin Mary Quant erfindet den Mini-Rock und revolutioniert damit die weibliche Mode. Noch mehr textile

Besuch bekommt Deutschland im Wonnemonat Mai vom britischen Herrscherpaar. Es ist der erste offizielle Deutschlandbesuch von Königin Elisabeth II. und Prinz Philipp. In Bonn, München, Wiesbaden, Stuttgart, Köln, Düsseldorf, Duisburg, Berlin, Hannover und Hamburg darf sich die Queen zehn Tage lang über jubelnde Verehrer und vor allem Verehrerinnen der Monarchie freuen.

In den USA regt sich Protest gegen den massierten Kriegseinsatz in Vietnam, bei dem die amerikanischen Streitkräfte nun auch Napalm-Bomben einsetzen und damit die Bevölkerung Vietnams grausamen Leiden aussetzen. Die Folksängerin Joan Baez und der Protestbarde Bob Dylan verleihen dieser Empörung Stimme und Identifikationskraft.

Im Deutschen Bundestag scheitert die Verabschiedung der Notstandsgesetze, gestärkt jedoch geht die Regierungskoalition aus CDU, CSU und FDP ein weiteres Mal aus den Bundestagswahlen hervor und Kanzler bleibt bis auf weiteres Ludwig Erhard.

Nicht nur die Ereignisse der hohen Politik erleben inzwischen zehn Millionen Bundesdeutsche am Fernsehapparat. Auch die Fernseh-Unterhaltung setzt mit Lou van Burgs neuer Tele-Show „Der goldene Schuss" und mit der Rudi-Carell-Schau neue Maßstäbe. Dass Rockmusik nicht nur die Begeisterung, sondern auch reichlich

20.00 Der goldene Schuß
Ein großes Tele-Armbrustschießen mit Lou van Burg und Schützen am Fernsehgerät
Es spielt das Orchester Max Greger

Adrenalin freizusetzen vermag, beweisen die „Rolling Stones" Mitte September bei ihrem Konzert auf der Berliner Waldbühne. Als die Fans von Mick Jagger & Co. die Stätte der musikalischen Turbulenzen räumen, bleibt ein Sachschaden von rund 400.000 Mark zurück. Mit einer überzeugenden Material-Analyse erobert in diesen aufgewühlten Zeiten auch der deutsche Nachwuchs-Rocker Drafi Deutscher die Hitparaden. „Marmor, Stein und Eisen bricht" heißt sein Erfolgs-Song.

Jetzt!
Kräftiger, fruchtiger!
Die Tomatencreme-Suppe
von Knorr
aus ¾ Pfund Parma-Tomaten
hat jetzt ein neues Rezept!

„Das schmeckt –
das müssen Sie probieren",
sagt Toni Sailer.

Knorr
Tomaten-
creme-Suppe
-63.

Aus ¾ Pfund Parma-Toma

Kraft in den Teller –
Knorr auf den Tisch

ESSO EXTRA
Pack den Tiger in den Tank – dann ist ein starker Freund an Bord!

Esso

**Wer bunte Schafe züchten
könnte, hätte sein Schäfchen
bald im trocknen.**

Wir können es nicht.
Wir wollen Ihnen nur an einem
Beispiel zeigen, warum wir Farbstoffe

herstellen. Unter anderem deshalb,
weil es keine bunten Schafe gibt.
Da aber Sie und alle Menschen gern
farbenfrohe Kleidung tragen, müssen
wir der Natur etwas nachhelfen.
Wir verkaufen heute viele tausend
Tonnen Farbstoffe in alle Welt.

Nicht nur für Wolle, sondern auch für
Leder, Holz, Papier, Lacke, Kunststoffe
und für alle anderen Dinge,
die erst durch Farbe lebendig werden.

Badische Anilin- & Soda-Fabrik AG
6700 Ludwigshafen am Rhein

BASF Farbstoffe

BASF

*Psst –
das sche
ich meiner
Frau!

AEG-automatic toaster

*Eine Scheibe so knusprig braun
wie die andere

AEG
AUS
ERFAHRUNG
GUT

BÄREN
MARKE

Nichts geht über
Bären-Marke ●
Bären-Marke zum Kaffee

Immer
frühlingsfrisch

MURATTI ARISTON LUXE

Pepsodent

Sie weiß,
warum ihr Lachen ihn bezaubert

... denn sie verwendet Pepsodent.
Nichts kann die Schönheit dieser Zähne trüben.
Pepsodent mit Irium entfernt den Zahnbelag,
den Nährboden für schädliche Bakterien.
Pepsodent mit dem quellfrischen Geschmack.

Pepsodent
MACHT IHRE ZÄHNE STRAHLEND WEISS

Sinalco Kola

Rita ist lieb.

**ZUM HEISSEN BEAT
EIN KÜHLER KNÜLLER:**

Yeah, Yeah, Yeah!
YEAH

Beat-Party
mit Langnese

Langnese
EISKREM

So modern ist der Konsum

Im **KONSUM** kaufen kluge Kunden

Wienerwald

EIN HENDL, knusprig vom Spieß aus dem nächsten Wienerwald. Dazu goldbraune Pommes frites und tafelfertige, pikante Salate. In fünf Ländern Europas und in den USA bieten Wienerwald-Brathendlstationen freundliche Gastlichkeit — täglich von 10 Uhr vormittags bis in die späte Nacht.

Heute bleibt die Küche kalt —
mit Hendln aus dem
Wienerwald

...von träumen alle

LAVAMAT

Das ist das "Tee-Ei des Columbus".

Teefix
Ceylon-Assam-Teemischung
aus dem Hause Teekanne

nur echt mit diesem Zeichen

Sie glauben gar nicht, wieviel besser das Essen gleich schmeckt, wenn es von kundiger Hand zubereitet und richtig gewürzt ist. Heute zeigen wir Ihnen hier zum Beispiel eine besonders delikate Tomatensuppe. Natürlich aus Thomy's extra feinem, dreifach konzentrierten Tomatenpürée. Welch eine leuchtend rote Farbe die Suppe dadurch bekommt, welch ein duftig zartfrisches Aroma! Und welche Arbeitserleichterung Ihnen dieses fix und fertige Mark bringt. Diese Tomatensuppe schmeckt ja deshalb so gut, weil sie aus Thomy's extra feinem Tomatenmark bereitet wurde.

AEG Vollautomat **LAVAMAT**

Thomy's
Tomatenmark so delikat
nach Thomy's Art!

79

geprägte Abneigung. Sie hält's mit Freddy Quinn, der mit seinem Lied „Hundert Mann und ein Befehl" ungewohnt markige Töne anschlägt. Das norwegische Schlagersternchen Wencke Myhre dagegen hat einen überzeugenden musikalischen Tip für Vegetarier und Liebeswillige auf Lager: „Beiß' nicht gleich in jeden Apfel…"

Zu einem Fußballdrama mit heftig umstrittenem Ausgang gerät am 30. Juli das Endspiel um die Weltmeisterschaft zwischen England und Deutschland im Londoner Wembley-Stadion. Nach Ende der regulären Spielzeit bemühen sich beide Mannschaften mit aller Kraft, dem Torgleichstand von 2:2 ein Ende zu bereiten. In der 101. Minute des Spiels gelingt dem Engländer Geoff Hurst ein Schuss auf das deutsche Tor. Allerdings prallt der Ball von der Querlatte ab und springt zurück aufs Spielfeld. Im Trubel des englischen Jubels und der deutschen Empörung neigt der Schweizer Schiedsrichter Gottfried Dienst zunächst der Ansicht zu, den Ball nicht hinter der Torlinie gesehen zu haben. Sein russischer Assistent dagegen ist gegenteiliger Ansicht und setzt sich durch: das Tor wird der

englischen Mannschaft gutgeschrieben. Von diesem Urteil gedemütigt, kassieren die Deutschen einen weiteren Gegentreffer und verlieren das Endspiel schließlich mit 4:2.

Ähnlich dramatisch zeigt sich die politische Situation im Spätherbst des Jahres. Nach einem Jahr Regierungszeit zerbricht Ende Oktober Ludwig Erhards konservativ-liberale Koalition, es kommt zur „Großen Koalition" aus CDU, CSU und SPD. Mit Willy Brandt als Vize-Kanzler und Außenminister hat die SPD zum ersten Mal in der Geschichte der Bundesrepublik Deutschland Regierungsverantwortung übernommen.

Ihren Protest gegen den Vietnam-Krieg trägt mehr und mehr nun auch die deutsche Jugend auf die Straße und stößt damit bei der bürgerlich-konservativen Mehrheit auf aus-

1967

Trauer und Dankbarkeit bewegt die Deutschen im April dieses Jahres. Am 19. April stirbt Konrad Adenauer, der die deutsche Politik seit den Jahren der Nachkriegszeit prägte. 91 Jahre alt ist der „Alte von Röhndorf" geworden. Zu seiner Beisetzung reisen Abordnungen aus 54 Staaten der Welt nach Bonn.

Sonderbriefmarke zum Tod von Konrad Adenauer.

Der Schah von Persien besucht im Mai Deutschland, und bei seiner Berlin-Visite kommt es zu Demonstrationen, in deren Verlauf schlagstockbewehrte iranische Studenten als „Jubel-Perser" auf wehrlose Studenten einprügeln. Zum tragischen Höhepunkt der Kundgebungen kommt es jedoch erst am Abend, als der Polizist Karl-Heinz Kurras den Studenten Benno Ohnesorg erschießt. Dieser Tod ist das Fanal für die Studentenunruhen, die von nun an das Land in Atem halten und die Gesellschaft zu spalten drohen.

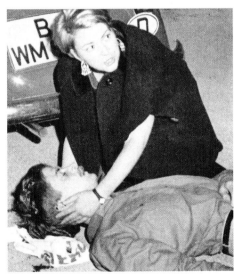

Am Abend des Schah-Besuchs in Berlin wird Student Benno Ohnesorg erschossen.

Nur wenige Tage später blicken auch die Deutschen besorgt nach Israel, wo der arabisch-israelische Konflikt erneut mit Waffen ausgetragen wird. Mit einem Überraschungsangriff beginnt am 5. Juni der „Sechstagekrieg", in dem die Israelis bis zum Suezkanal vorstoßen und die Golanhöhen erobern.

Im August beginnt in Deutschland eine neue Fernseh-Epoche. Endlich flimmern die Fernsehbilder in Farbe über den Bildschirm. Allerdings sind die Geräte, die für dieses Erlebnis ausgerüstet sind, vorerst noch ziemlich kostspielig. Da bleibt der Mehrheit der Deutschen nichts anderes übrig, als bis auf weiteres Schwarz-Weiß zu gucken.

Lebensgefährlich verletzt wird in Berlin am Abend des Gründonnerstag der charismatische Studentenführer Rudi Dutschke durch drei Pistolenschüsse aus der Waffe des Arbeiters Josef Bachmann. In allen deutschen Universitätsstädten kommt es nach diesem Attentat zu wütenden Protesten.

19 68

Ein bewegter Frühling steht auch den Deutschen bevor, nachdem sie zu Jahresbeginn im Kino erfahren durften, was sie so eindeutig bisher möglicherweise noch nicht wussten. In seinem Film über „Das Wunder der Liebe" bereitet der Sex-Experte Oswalt Kolle in vorwiegend textilfreien Bildern den Weg für mehr Abwechslung in deutschen Schlafzimmern.

Nach diesem Auftakt müssen sich nicht nur die Deutschen auf ein Jahr der Konflikte und der Schrecknisse einstellen. Am 4. April wird in Memphis (Tennessee) der amerikanische Bürgerrechtler und Friedensnobelpreisträger Martin Luther King von einem weißen Rassenfanatiker ermordet. Sein Tod markiert den Beginn schwerer Rassenunruhen in den USA.

Tage und Wochen der ohnmächtigen Wut, Verzweiflung und Trauer beginnen für die Bürger der Tschechoslowakei am 21. August. An jenem Tag endet der „Prager Frühling", das Experiment eines demokratischen Sozialismus, unter dem Kettenrasseln von Panzern.

19⑥⑨

Amerikas strahlender Weltraum-Triumph: Am 21. Juni betritt der US-Astronaut Neil Armstrong als erster Mensch den Mond.

Schon im März kündigt sich an, dass sich der politische Wind in Deutschland gedreht hat. Bei der Wahl des Bundespräsidenten siegt im dritten Wahlgang der SPD-Politiker Gustav Heinemann gegen seinen Konkurrenten Gerhard Schröder von der CDU. Eine bedeutende politische Karriere nimmt im Mai in Rheinland-Pfalz ihren Anfang. Der junge CDU-Politiker Helmut Kohl wird zum Ministerpräsidenten des Landes gewählt.

600 Millionen Menschen verfolgen am 21. Juni am Fernsehapparat ein einzigartiges Abenteuer. Um 3.56 Uhr mitteleuropäischer Zeit betritt der 38-jährige US-Astronaut Neil Armstrong als erster Mensch den Mond. Kurze Zeit später folgt ihm sein Kollege Edwin Aldrin. 22 Stunden halten sich die beiden Astronauten auf dem Mond auf, mehr als zwei Stunden davon verbringen sie außerhalb der Mondfähre „Eagle". Dann steigen die beiden wieder auf ins All, um ihre Mondfähre an das Mutterschiff anzukoppeln und zur Erde zurückzureisen.

Aufbruchstimmung beherrscht im September auch die politische Szene in der Bundeshauptstadt Bonn. Nach einer temperamentvoll geführten Bundestagswahl bahnt sich ein Machtwechsel an. FDP und SPD entschließen sich zu einer Koalition und schicken CSU und CSU in die Opposition. Am 21. Oktober wird Willy Brandt zum ersten sozialdemokratischen Kanzler der Bundesrepublik Deutschland gewählt. Seine Regierungserklärung gipfelt in einem Satz von unmissverständlicher Eindeutigkeit: „Mehr Demokratie wagen!"

Es durfte wieder geträumt werden:
Flachdach-Bungalow für „Neureiche"

Geblümtes überall:
Gebrauchskeramik der 6oer.

Kantiges mit Schleiflackkleid:
Phonoschränke und Standuhr.

Elektrisiert und prall gefüllt:

Muttis Reich in den 6oern.